Doreen Virtue, Ph.D

Das Orakel der himmlischen Helfer, Engel und Schutzheiligen

Aus dem Amerikanischen
von Angelika Hansen

Allegria

Titel der Originalausgabe
GUIDEBOOK FOR THE SAINTS & ANGELS
Erschienen bei Hay House, Inc. Carlsbad, CA, USA

Allegria ist ein Verlag der Ullstein Buchverlage GmbH, Berlin
Herausgeber: Michael Görden

ISBN-13: 978-3-7934-2073-6
ISBN-10: 3-7934-2073-6

Übersetzung: Angelika Hansen
Umschlaggestaltung: FranklDesign, München
Titelabbildung: Edward Tadiello/www.porterfieldsfineart.com
Gesetzt aus der Garamond
Satz: te•ha, thea@mails.at
Druck und Bindearbeiten: bookPlus International Ltd., Hong Kong
Printed in China

Hinweis der Autorin

Zehn Prozent der Tantiemen aus dem Verkauf des Orakels der himmlischen Helfer gehen an den Nothilfefonds der *St. Vincent de Paul International Confederation*, die weltweit all den Menschen hilft, die in Not geraten sind und es am meisten benötigen. Für zusätzliche Informationen wenden Sie sich bitte an www.ozanet.org.

Ich suchte nach einer angemessenen internationalen Hilfsorganisation, der ich einen Teil meiner Tantiemen aus dem Verkauf des *Orakels der himmlischen Helfer* stiften könnte, also beschloss ich, das ganze Thema Gott zu übergeben und um ein Zeichen zu bitten. Zehn Minuten später fuhr ein riesiger Lastwagen der St. Vincent de Paul Society an mir vorbei! Seit Jahren schon hatte ich keinen dieser Transporter mit der bekannten Aufschrift mehr gesehen, daher wusste ich, dass es ein Zeichen des Himmels war und ich meine Hilfsorganisation gefunden hatte. Gott hält wirklich alles für uns bereit, was wir brauchen, einschließlich der Möglichkeiten, wie wir am besten etwas geben und zum Wohle anderer beitragen können.

– Doreen Virtue

Inhalt

Praktische Anleitung zum Umgang mit den Karten

Das *Orakel der himmlischen Helfer* wird Ihnen helfen, auf eine liebevolle und sichere Weise den Kontakt mit den himmlischen Kräften aufzunehmen. Die Karten helfen Ihnen, die Botschaften und Führung besser hören zu können, welche die Heilige Dreifaltigkeit, die Engel und die Heiligen für Sie und Ihre Lieben bereit halten. In diesem Handbuch lernen Sie, wie Sie die Karten benutzen können, um zutreffende Antworten auf wichtige Fragen über Gesundheit, finanzielle Situation, Beruf, Familie und andere Lebensbereiche zu erhalten. Außerdem erfahren Sie, wie Sie mit Hilfe der Karten anderen Menschen helfen können.

Weissagungs-Werkzeuge wie zum Beispiel Orakelkarten sind von alters her eine Möglichkeit, göttliche Führung zu empfangen*. Solche Hilfsmittel sind vor allem dann hilfreich, wenn Sie sich gestresst fühlen oder verängstigt bzw. durcheinander sind, da sie Ihnen

* Der Begriff *divination* – Weissagung – hat seine Wurzeln in dem lateinischen Wort *divinus*, und schon in der Bibel wird die überlieferte Tradition des Werfens von Steinen und Holzstöckchen erwähnt, um die Entscheidungsfindung zu erleichtern.

klar und beständig Botschaften übermitteln, die ein angespannter Verstand nur schwer hören kann. Die Karten des Orakels sind mit viel Liebe kreiert worden in der Absicht, Frieden in schwierige Situationen zu bringen. Ihre Intention ist es, Ihnen bei der Entwicklung einer klareren Verbindung mit Gott, den Heiligen und den Engeln behilflich zu sein.

Die Orakelkarten sind leicht und einfach zu benutzen. Sie erfordern lediglich, dass Sie genau auf Ihre eigenen Gedanken und Gefühle achten, während Sie ein Reading vornehmen, da Ihre innere Führung Ihnen Antworten auf Ihre Fragen gibt, die ganz persönlich auf Sie zugeschnitten sind. Sie werden feststellen, dass die Karten Ihre natürlichen spirituellen Fähigkeiten verstärken und Ihnen helfen, die göttliche Stimme besser zu hören.

Seit 1996 habe ich weltweit Kurse geleitet, bei denen Menschen aus allen Gesellschaftsschichten lernten, mit Orakelkarten umzugehen und Readings zu geben. Der Entwurf des vorliegenden Kartendecks ist absichtlich konfessionsübergreifend, hat jedoch eine stark christlich-katholische Ausrichtung, von der ich hoffe, dass Sie Ihnen Freude macht. Als jemand, der sehr eng mit Jesus Christus zusammenarbeitet, bin ich ganz besonders froh darüber, ihn auch im Orakel der himmlischen Helfer zu Wort kommen lassen zu dürfen.

Meinen ersten Kontakt mit Heiligen hatte ich während einer spirituellen Beratungssession, in deren Verlauf ich die Geistführer und Schutzengel meines Klienten identifizierte. Während jener frühen Tage begegnete ich zum Beispiel St. Georg und der heiligen Therese. Da ich nicht im katholischen Glauben herangewachsen war, wusste ich nicht viel über Heilige. Ich rief bei einer katholischen Kirche im Ort an und ein freundlicher Priester gab mir einen Schnellkurs über diese heiligen Wesenheiten, der viele Jahre lang zu einem Grundstein meiner spirituellen und literarischen Forschung wurde.

Seit damals habe ich auf vielen Reisen in alle Welt Schreine, Quellen, Brunnen und andere Orte besucht, die mit Heiligen assoziiert werden. Zum Beispiel haben mein Mann und ich Zeit in Lourdes, Frankreich, verbracht, um die heilenden Wasser zu sehen, die aus der Erde sprudelten, nachdem die heilige Bernadette den Instruktionen gefolgt war, die ihr von der Jungfrau Maria gegeben wurden. Wir sind zum Brunnen der heiligen Brigid in Irland gefahren und haben überall auf der Welt die herrlichsten Kathedralen besucht, die nach Heiligen benannt worden sind. Und als wir uns vor einiger Zeit entschlossen, unser Haus zum Verkauf anzubieten, ließ ich es mir nicht nehmen, in unserem Garten eine Statue des heiligen Joseph zu vergraben (von der viele Leute behaupten, sie würde einen schnellen Verkauf nach sich ziehen). Und tatsächlich – kurz nach dem Vergraben der Statue hat tatsächlich jemand unser Haus gekauft!

Die inspirierenden Geschichten über das Leben der Heiligen erinnern uns daran, dass wir als Individuen Einfluss auf die Welt nehmen können. Zum Beispiel haben uns die heilige Johanna von Orléans und die heilige Bernadette gezeigt, wie wichtig es ist, der persönlichen göttlichen Führung zu folgen, selbst wenn andere uns lächerlich machen oder uns drohen. Die heilige Mutter Teresa und Sankt Nikolaus inspirieren uns zu großzügigen und mildtätigen Taten.

Ich hatte meine Leser gebeten, mir ihre liebsten Heiligen zu nennen. Viele von ihnen finden sich in dem vorliegenden Kartendeck. Was mir jedoch die meiste Freude bereitet hat, war die große Anzahl von Lesern, die mir sagten: „Ich bin nicht katholisch, aber ich liebe es, mit den Heiligen Kontakt aufzunehmen."

Da die Wurzeln des Christentums in den älteren Glaubenssystemen des Judaismus und Pantheismus zu finden sind, bin ich fest davon überzeugt, dass diese Karten für Menschen jeder religiösen oder spirituellen Ausrichtung etwas Gutes bereithalten. Ich habe festgestellt, dass die Heiligen engelsgleiche, liebevolle und mächtige

Verbündete für jeden sind, der sie anruft, unabhängig vom Glauben oder der Konfession des Betreffenden – das ist der Grund, warum sie Heilige sind! Auf die gleiche Weise wollen Jesus, die Erzengel und die Engel jedem helfen, den Frieden Gottes zu finden, daher sind auch sie überkonfessionelle Führer für uns alle.

Sämtliche Illustrationen und Botschaften im Orakel der himmlischen Helfer sind positiv und erbauend und spiegeln die machtvolle Liebe Gottes und der himmlischen Kräfte für uns alle wider. Ich bete darum, dass Sie durch die Arbeit mit diesem Werkzeug eine noch engere Beziehung mit unserem Schöpfer entwickeln und zu dem sicheren Wissen gelangen, dass Sie nie alleine sind.

Wie Sie Ihre Orakelkarten benutzen können

Jeder kann lernen, zutreffende Orakelkarten-Readings zu geben, da es sich dabei um einen natürlichen und intuitiven Prozess handelt. Je entspannter Sie sind, während Sie die Karten mischen und interpretieren, desto leichter wird es Ihnen fallen, die Antwort auf Ihre Frage zu verstehen. Strengen Sie sich nicht an, die Botschaft zu hören oder zu verstehen, da dies Sie daran hindern kann, die himmlische Führung zu empfangen. Wenn erforderlich, bitten Sie die Heiligen und Engel, Ihnen zu helfen, sich zu entspannen und sich dem Göttlichen zu öffnen. Hier sind die einzelnen Schritte zu einem erfolgreichen Orakelkarten-Reading für Sie selbst und andere:

Erster Schritt: Bereiten Sie Ihr Kartendeck vor

Ihre Karten sind sensitive Werkzeuge, die mit zärtlicher, liebevoller Fürsorge gehandhabt werden sollten. Im Laufe der Zeit werden Sie feststellen, dass Sie beide so harmonisch zusammenarbeiten wie ein hochsensibles Automobil und sein geübter Fahrer. Um Ihrer Beziehung ein sicheres Fundament zu geben, müssen Sie die Karten entsprechend vorbereiten.

Zunächst halten Sie das Deck in einer Hand. Bilden Sie mit der anderen Hand eine Faust und klopfen Sie damit einmal auf die Karten. Dies sorgt dafür, dass jegliche niederen Energien, die die Karten unter Umständen während ihrer Herstellung, bei der Versendung oder durch die Berührung anderer Personen aufgenommen haben, verschwinden.

Als nächstes formen Sie mit den Karten einen Halbkreis, mit den Abbildungen nach oben. Halten Sie die ausgebreiteten Karten an Ihr Herz und sprechen Sie ein Gebet bezüglich Ihrer Intentionen und Bedürfnisse, wie zum Beispiel: „Gott, heiliger Geist, Jesus, alle Heiligen und Engel, ich bitte darum, dass meine Readings akkurat und wahrheitsgemäß sind und allen Beteiligten Segen bringen. Bitte wacht/wache über meine

Readings und sorgt dafür, dass nur Gottes wahre Helfer des ewigen Lichtes durchkommen. Bitte helft mir, die göttliche Führung, die ich brauche, klar zu hören, zu sehen und zu fühlen. Bitte steht mir bei, mein Ego in Schach zu halten und meine Wahrheit mit Liebe und Zuversicht zum Ausdruck zu bringen. Ich danke euch/dir für diese Hilfe. Amen."

Zweiter Schritt: Stellen Sie eine Frage

Jetzt ist der Augenblick gekommen, für sich selbst (oder im Namen der Person, der Sie ein Reading geben) eine Frage zu stellen. Sie können diese Frage aussprechen oder einfach denken. Richten Sie Ihr Begehren an die himmlischen Kräfte und vertrauen Sie darauf, dass Sie eine klare Antwort erhalten werden.

Dritter Schritt: Mischen Sie die Karten

Denken Sie an die Frage, während Sie die Karten mischen. Falls eine oder mehrere Karten während des Mischens aus dem Deck „herausspringen", legen Sie diese auf die Seite – sie sind später Teil Ihres Readings. Bitten Sie die Heiligen und Engel, Ihnen zu sagen, wann Sie mit dem Mischen der Karten aufhoren. Sie werden die Antwort als ein Gefühl wahrnehmen oder als etwas, das Sie denken, hören oder sehen. Vertrauen Sie dieser Botschaft und hören Sie mit dem Mischen auf.

Vierter Schritt: Legen Sie die Karten aus

Die Drei-Karten-Auslegung ist die am weitesten verbreitete Art eines Orakelkarten-Readings. Nehmen Sie die ersten drei Karten vom oberen Teil des Decks und legen Sie die erste (die zuoberst lag) links vor sich, mit der Bildseite nach oben. Legen Sie die zweite Karte rechts neben die erste (sie wird dann in der Mitte der drei Karten liegen). Die dritte legen Sie rechts neben die beiden anderen. Alle drei Karten sollten richtig herum liegen, mit der Bildseite nach oben, damit Sie die Abbildung sehen können.

Fünfter Schritt: Betrachten Sie die Karten

Die Karte zu Ihrer Linken repräsentiert die Vergangenheit oder den Grund für Ihre Frage. Die Botschaft der mittleren Karte bezieht sich auf den gegenwärtigen Status Ihrer Frage, während die rechte Karte das in der Zukunft zu erwartende Resultat der Frage zeigt. Zunächst schauen Sie sich das Bild und die Worte auf jeder Karte an, da sie alle eine Botschaft vermitteln, die mit Ihrer Frage zu tun hat. Die Heiligen und Engel werden Ihnen darüber hinaus individuelle Informationen geben, die als Intuition oder göttlich geführte Gedanken zu Ihnen kommen. Sie werden an ihrem liebevollen Ton erkennen, dass es sich um eine echte himmlische Botschaft handelt, weil die darin enthaltene

Weisheit immer aufbauend, motivierend und inspirierend ist und stets beschreibt, wie Sie eine Situation positiv beeinflussen oder verbessern können.

Im nächsten Kapitel dieses Handbuchs finden Sie zusätzliche Bedeutungen für jede einzelne Karte. Sollten Sie danach immer noch nicht die Bedeutung der von Ihnen ausgelegten Karten und ihren Zusammenhang verstehen, bitten Sie die Heiligen und Engel, ihre Antwort ausführlicher zu übermitteln, indem sie Ihnen unmissverständliche Zeichen in der physischen Welt geben, die Sie ohne Schwierigkeiten wahrnehmen und verstehen.

Es ist eine gute Idee, die Fragen und die jeweiligen Antworten der Karten in einem eigens dafür angelegten Journal aufzuschreiben. Dies wird Ihnen helfen zu erkennen, in welcher Weise die Antworten sich auf die Fragen beziehen, was unter Umständen leichter zu verstehen ist. Das Journal wird Ihr Vertrauen in die Botschaften, die Sie durch die Karten und Ihre Intuition erhalten, sowie Ihren Glauben an deren Richtigkeit stärken. Vergessen Sie nicht, dass Sie das Resultat jeder Situation durch Beten und positives Denken verändern können. Die Heiligen und Engel können Ihnen helfen, Ihre Zukunft zum Besseren zu wenden, wenn Sie sie um ihre Hilfe bitten und offen dafür sind, diese Hilfe zu empfangen.

Variationen beim Kartenauslegen

Zusätzlich zu der oben beschriebenen Drei-Karten-Auslegung können Sie das *Orakel der himmlischen Helfer* für schnelle Antworten auf die folgenden Fragen benutzen:

Wer ist bei mir?

Möchten Sie wissen, welche Heiligen und Engel Sie führen und Ihnen Seite stehen? Stellen Sie diese Frage, während Sie die Karten mischen. Dann wählen Sie entweder die zuoberst auf dem Deck liegende Karte oder Sie halbieren das Deck in der Mitte und nehmen die Karte, die zuunterst des obersten Decks liegt. Der Name des Heiligen oder Engels auf dieser Karte ist Ihre Antwort. Wenn da zum Beispiel „Schutzengel" steht, bedeutet es, dass Ihr persönlicher Schutzengel (es können auch mehrere sein) Sie führt und Ihnen in dieser bestimmten Angelegenheit hilft. Sie, wie jeder von uns, haben einen oder mehrere Schutzengel, die immer bei Ihnen sind. Diese Methode hilft Ihnen außerdem zu wissen, an welche bestimmten Heiligen oder Engel Sie sich mit der Bitte um Fürsprache wenden können.

Was muss ich heute wissen?

Dies ist eine wunderbare Frage, die Sie am besten morgens stellen. Richten Sie sie an die Heiligen und Engel, während Sie die Karten mischen, bevor Sie sie mit verdeckter Bildseite auf einer flachen Oberfläche vor sich auslegen. Lassen Sie Ihre Hand über die Karten gleiten und wählen Sie die, von der Sie sich entweder visuell oder aufgrund eines Gefühls angezogen fühlen. Diese Karte wird Ihnen ein hilfreiches Thema präsentieren, an das Sie sich im Laufe des Tages immer wieder erinnern werden – vielleicht möchten Sie die Karte bei sich tragen oder die darin enthaltene Botschaft auf ein Blatt Papier schreiben, damit Sie sie im Laufe des Tages immer wieder anschauen können.

Was hält die Zukunft für mich bereit?
Stellen Sie eine allgemeine oder spezifische Frage über Ihre Zukunft, während Sie die Karten mischen. Legen Sie sieben Karten aus, um das Thema für jeden Tag der kommenden Woche zu sehen, oder zwölf Karten, um Einblicke in die Themen jedes einzelnen Monats für das kommende Jahr zu gewinnen.

Die Bedeutung der Karten
Dieses Begleitbüchlein listet die Karten alphabetisch auf. Ihre Intuition und die himmlischen Kräfte werden Ihnen individuelle göttliche Führung als Antwort auf Ihre Fragen zukommen lassen, daher sollten Sie beim Lesen der jeweiligen Karte simultan auf Ihre Gefühle und Gedanken achten.

Die 44 Karten und ihre Bedeutung

(alphabetisch geordnet)

Aktivist – Mutter Teresa

Sie sind dazu eingeladen, sich für eine gute Sache einzusetzen, für ein soziales Anliegen, eine Wohltätigkeitsorganisation oder einen Menschen in Not. Wie Mutter Teresa können auch Sie ganz alleine eine positive Veränderung in der Welt herbeiführen. Die Heilige wird Ihnen dabei als Ihre Führerin zur Seite stehen, wenn Sie sie um ihre Hilfe bitten. Achten Sie darauf, welche Themen Ihre Leidenschaft oder Ihren Zorn wecken und verpflichten Sie sich innerlich dazu, die entsprechenden Situationen in irgendeiner Weise positiv zu verändern oder zu heilen. Ihre Seele möchte sich Ausdruck verschaffen und ihre Sichtweise bekannt machen. Benutzen Sie Ihre Expertise und Lebenserfahrung (wie beispielsweise unternehmerisches Wissen oder schriftstellerisches und rednerisches Talent), um die von Ihnen vertretene Sache voranzubringen. Stellen Sie entsprechenden Wohltätigkeitsorganisationen oder Agenturen Zeit oder Geld zur Verfügung. Sie werden sich durch Ihren Aktivismus energetisch aufgeladen fühlen.

Das Leben der heiligen Mutter Teresa ist ein Beispiel dafür, wie viel gute Arbeit ein Individuum leisten kann. Sie wurde 1910 in Albanien unter dem Namen Gonxha Bojaxhiu geboren. Im Alter von 18 Jahren wurde sie Nonne und nahm aufgrund ihrer Verehrung für die heilige Therese von Lisieux deren Namen an. In ihrem 36. Lebensjahr vernahm sie den inneren Ruf, „Gott inmitten der Ärmsten der Armen" zu dienen. In zwei Jahren gründete sie einen Orden mit dem Ziel, den Armen in Kalkutta, Indien, zu helfen. Sie und ihre Schwesternonnen kümmerten sich um die hungernden und sterbenden Menschen in dieser Riesenstadt. Heute gibt es weltweit mehr als 500 Missionen und Zentren, die das Erbe ihrer Worte weiterführen: „Glaube in Aktion ist Liebe, und Liebe in Aktion ist Dienst. Durch das Umwandeln dieses Glaubens in lebendige Aktionen der Liebe bringen wir uns in Kontakt mit Gott selbst, mit Jesus Christus unserem Herrn."

Belohnung – Schutzengel

Deine Schutzengel belohnen dich für alle deine Bemühungen, harte Arbeit und hingebungsvolle Verpflichtung, anderen Menschen zu helfen. Du hast so viel gegeben, und jetzt ist für dich die Zeit gekommen, zu empfangen. Deine Belohnung kommt auf unerwartete und wunderbare Weise zu dir. Sie hilft dir zu wissen, dass du nicht alleine bist und dass du den Schutz des Himmels genießt. Lass zu, dass dies deinen Glauben zusätzlich stärkt. Außerdem gibt dir diese Botschaft die Freiheit, dich selbst mit ein paar Kostbarkeiten zu verwöhnen. Du hast so viel Energie für das Wohlergehen anderer investiert, dass du eine Zeit des Rückzugs, der Verjüngung und Kraftgewinnung brauchst. Gönne dir eine Massage oder ein köstliches langes Bad in duftendem Wasser. Dich selbst zu belohnen hilft dir, weiterzumachen und dich für all die harte Arbeit, die du leistest, anerkannt zu fühlen: Darüber hinaus gleicht es das Geben aus, dem du dich so hingebungsvoll gewidmet hast. Du hast diese Belohnung verdient – und vergiss nicht: Je mehr du dir selbst zu empfangen erlaubst, desto mehr hast du anderen zu geben.

Bete – Schutzengel

Zu der Antwort auf deine Frage gehört Beten. Du wirst angeleitet, im Hinblick auf deine Situation zu beten, um Antworten und Hilfe herbeizurufen. Deine Schutzengel beten mit dir und bitten um göttliche Intervention, um dir und deinen Lieben zu helfen. Auch deine Lebensaufgabe hat mit Beten zu tun. Deine Forderungen sind stark und machtvoll und die Welt braucht sie. Deine Schutzengel bitten dich, das Volumen und Tempo deines Flehens hinsichtlich dieser Situation zu verstärken. Beten ist äußerst effektiv, daher leistest du eine ungeheuren Beitrag, wenn du aus ganzem Herzen betest. Nimm dir jetzt die Zeit, innezuhalten und hingebungsvoll zu beten. Die Worte, die du benutzt, sind nicht wichtig im Vergleich zu deinem ehrlichen Wunsch, dich mit der göttlichen Kraft zu verbinden. Sei offen für eine Antwort, die sich in einer anderen Form zeigen kann, als du es erwartest – und sei versichert, dass deine Gebete erhört und beantwortet werden.

Blicke tiefer – Schutzengel

Du musst unter die Oberfläche dieser Situation schauen, da es dort wichtige Informationen gibt, die dir gegenwärtig nicht bewusst sind (oder die du dir nicht eingestanden hast). Dein Schutzengel wird dich auf diese Faktoren aufmerksam machen; es ist jedoch erforderlich, dass du offen für diese Hinweise bist. Die Engel verneinen nicht unbedingt die Situation, in der du um Rat fragst. Stattdessen bitten sie dich, genauer und tiefer hinzuschauen. Dazu mag gehören, dass du dich still hinsetzt und auf deine innere Wahrheit lauschst. Oder es könnte bedeuten, dass du einen Experten aufsuchen sollst, der dir mehr über dieses Thema sagen kann. Die Investition an Zeit und Energie, die erforderlich ist, um diese Forschungen vorzunehmen, wird auf wunderbare Weise belohnt werden. Die

Engel werden dafür sorgen, dass du keine der Gelegenheiten versäumst, die sich dir bieten, während du mit diesen Nachforschungen beschäftigt bist. Achte auf die Zeichen und intuitiven Hinweise, die dich führen werden.

Der Himmel wacht über Dich – Schutzengel

Sei versichert, dass Gott und deine Schutzengel über dich und deine Lieben wachen. Du wirst sehr geliebt, und du bist nicht alleine in dieser Situation ... und wirst es nie sein. Du und alle, die deinem Herzen nahe stehen, sind ständig von machtvollen Helfern umgeben. Dies ist eine Botschaft an dich, jegliche Sorgen oder Ängste dem Himmel zu überlassen. Es gibt einfach nichts, wovor du dich fürchten müsstest! Darüber hinaus haben Ängste noch nie einen Menschen oder eine Situation verbessert. Es ist wesentlich effektiver, zu beten und um Beistand zu bitten und dann den himmlischen Mächten zu erlauben, dir zu helfen. Du hast göttliche Hilfe, Unterstützung und Schutz verdient. Während du und deine Lieben schlafen, wachen die Engel über euch. Schutzengel wachen über dein Heim, deine Gesundheit und dein Wohlergehen. Nichts kann die Macht ihrer Liebe durchdringen, wenn sie eine schützende Barrikade um euch bilden und dafür sorgen, dass ihr alle ungestört und in Sicherheit seid.

Du hast es gefunden! – Hl. Antonius

Dies ist eine Botschaft über das Finden einer Sache, die großen Wert hat, wie zum Beispiel deine wahre Lebensaufgabe oder ein verlorener Gegenstand. Der heilige Antonius bittet dich, darauf zu vertrauen, dass du das, was du suchst, bereits gefunden hast oder bald finden wirst. Die Situation, in der du um Unterstützung bittest, ist genau das, was du gesucht hast. Herzlichen Glückwunsch – du hast deinen Weg gefunden!

Sowohl der hl. Antonius als auch Erzengel Chamuel helfen dir, verlorene Gegenstände wiederzufinden. Rufe sie beide an (entweder innerlich oder mit lauter Stimme) und bitte sie, dir zu helfen. Dann achte auf deine innere Führung, wie zum Beispiel Gefühle im Bauch, Visionen oder Gedanken. Folge dieser Weisheit und du wirst den Gegenstand finden. Vertraue auf die Wunder der himmlischen Helfer, die den Gegenstand für dich wiederfinden. Vergiss nicht, dass im Lichte Gottes nie etwas verloren gehen kann. Und sollte der Gegenstand aus irgendeinem Grund nicht sofort wieder auftauchen, glaube fest daran, dass er zum richtigen göttlichen Zeitpunkt zu dir zurückkommen wird.

Der hl. Antonius von Padua wurde aufgrund seiner überlieferten Wunderheilungen – wobei er unter anderem einen Verstorbenen ins Leben zurückgeholt hat – „Wundertäter“ genannt. Als versierter Redner reiste er durch die Lande, um den Armen zu predigen und ihnen zu helfen. Es wird sogar berichtet, dass er im strömenden Regen gepredigt hat, ohne dass sein Publikum nass wurde. Viele Menschen rufen den hl. Antonius um seine Hilfe an, um verlorene Gegenstände wiederzufinden und erneut der Gnade Gottes teilhaftig zu werden, oft mit ganz wunderbaren Resultaten.

Du hast Führungsverantwortung – Hl. Johanna von Orléans

Du bist aufgerufen, deine Führungsqualitäten einzusetzen, um einer wichtigen Sache zu dienen. Wahrscheinlich bist du dir bereits der Natur dieses Unterfangens bewusst oder ahnst, worum es geht. Du hast angeborene Fähigkeiten, die andere zum Helfen inspirieren werden. Selbst wenn du dich selbst (noch) nicht so siehst, vertraue darauf, dass diese Karte als eine klare Botschaft zu dir kommt, die besagt, dass du für diese Position auserwählt bist. Durch Beten werden dir Gott, die heilige Johanna von Orléans sowie andere Heilige und Engel klare Führung darüber zukommen lassen, wie du deine Führungsfähigkeit zum Besten aller Beteiligten ausüben kannst. Deine göttlich geführten Worte und Taten werden andere zu positiver Arbeit motivieren. Ein Führer dient seinen Nächsten am besten, indem er ein lebendes Beispiel und Vorbild abgibt. Daher führe dein Leben so, dass andere deine Integrität und Charakterstärke bewundern. Die hl. Johanna von Orléans ist für jeden eine Inspiration, der sich zum Helfen berufen fühlt, sich jedoch nicht sicher ist, ob ein Individuum alleine etwas in der Welt verändern kann.

Im Alter von fünfzehn Jahren hatte das französische Bauernmädchen Johanna eine Vision, in der sie Lichter sah und Stimmen hörte (die sie später unter anderem als die des Erzengels Michael, der hl. Katharina und der hl. Margaret identifizierte) und die ihr die Aufgabe übertrugen, Frankreich vor der englischen Besetzung zu retten. Johanna folgte ihrer göttlichen inneren Führung, indem sie die französische Armee zum Sieg führte und Charles VII. zum König aller Franzosen ausrief. Nach ihrem Erfolg wurde sie an England ausgeliefert, wo man ihr den Prozess machte, sie schuldig sprach und wegen ketzerischer Machenschaften zum Tod auf dem Scheiterhaufen verurteilte. Dreiundzwanzig Jahre nach ihrem Tod wurden alle Anklagepunkte gegen Johanna von Orléans aufgehoben. Sie ist Schutzheilige all jener, die für ihre spirituellen Glaubenssätze verfolgt werden, sowie für weibliche Armeeangehörige.

Ehe – Hl. Katharina von Alexandrien

Dies ist eine Botschaft über deine gegenwärtige oder künftige Ehe. Zu deinem spirituellen Schicksal gehört ein Ehepartner, der dein Seelengefährte ist. Die himmlischen Mächte wollen, dass du mit diesem zukünftigen Partner vereint bist, und ihr seid auserkoren, einander zu helfen, innerlich zu wachsen und euch weiterzuentwickeln. Du erkennst deinen Seelengefährten, indem du das Gefühl hast, dass ihr euch schon immer gekannt habt. Synchronistische Ereignisse werden euch zusammenbringen, und eure Beziehung ist geprägt von einem Gefühl des Schicksalhaften und Unvermeidlichen. Diese Karte bedeutet, dass es zu diesem Zeitpunkt in deinem Leben bereits einen Seelengefährten als Ehepartner gibt, oder dass er bzw. sie bald erscheinen wird. Wenn du eine solche Ehe manifestieren willst, bitte die hl. Katharina, dir zu helfen, einen entsprechenden Partner anzuziehen und ihn als den richtigen zu erkennen. Außerdem kann sie dir helfen, ehrlich mit dir selbst zu sein, was dir erlauben wird zu bestimmen, ob eine Beziehung wirklich gesund ist und ob du zu diesem Menschen passt. Die hl. Katharina ist ein machtvolles Wesen, die der hl. Jungfrau von Orléans während ihrer Visionen zur Seite stand.

Als Kind aristokratischer, wohlhabender Eltern in Alexandria in Ägypten geboren, entwickelte sich Katharina zu einer schönen und intelligenten jungen Frau. Viele Verehrer bemühten sich um sie, doch sie verkündete schon bald, dass sie eine mystische Ehe mit Jesus

Christus eingegangen war. Katharina hatte eine Vision, die sie veranlasste, öffentlich den Herrscher bloßzustellen. Sie wurde verhaftet, doch ihre religiösen Argumente führten dazu, dass fünfzig ihrer Ankläger und zweihundert Soldaten zum Christentum konvertierten. Frauen haben seit langem die heilige Katharina um Hilfe bei der Suche nach einem guten Ehemann gebeten.

Friedvoll – Heiliger Geist

Der Heilige Geist ist auf dich und die Situation herabgekommen, in der du um Hilfe bittest. Stell den Kontakt mit dieser göttlichen Energie her, indem du dich auf den Frieden in der Tiefe deines Herzens ausrichtest. Diese Gelassenheit ist wie der Diamant im Kern eines Steinbrockens und unter Umständen musst du tief in deinem Inneren graben, um ihn zu finden. Vielleicht ist es auch erforderlich, dass du dich eine Zeit lang alleine und still in die Natur zurückziehst. Sei versichert, dass diese Situation von dem Frieden des Heiligen Geistes erfüllt ist, der die Herzen aller berührt, die an der Situation beteiligt sind. Der Heilige Geist verleiht den Herzen der Betreffenden Mitgefühl und befähigt sie, jeweils die Perspektive des anderen zu sehen. Dies führt zu Vergebung, die wiederum den Weg zum Frieden vorbereitet und ebnet. Erlaube dem Heiligen Geist, das Eis des Zorns und der Angst zu schmelzen, indem er einen leuchtenden und wärmenden Strahl göttlicher Liebe auf dich und die Situation sendet. Vertraue darauf, dass dieser Strahl tief in die Seele der Beteiligten dringt und eine Veränderung sowohl in deinem Herzen als auch in den Herzen anderer hervorruft. So sanft und rein wie eine Taube heilt der Heilige Geist die Situation auf eine harmonische, alle beglückende Weise.

Gefühle – Hl. Dymphna

Zu der Antwort auf deine Frage gehören Gefühle – entweder deine eigenen oder die der Person, in deren Namen du die Frage stellst. Darüber hinaus ist dies eine Botschaft, die dich auffordert, genauer auf deine Emotionen zu achten. Es bedeutet keine Gefahr für dich, dir selbst gegenüber deine wahren Gefühle einzugestehen. Die heilige Dymphna kann dir helfen, Lösungen für jegliche emotionalen Verwirrungen zu finden. Sie ist eine liebevolle Heilige, die darauf spezialisiert ist, dir bei der Erlangung emotionaler und geistiger Gesundheit beizustehen. Die Laterne, die sie in der Hand trägt, hilft dir, besser zu sehen, wohin du gehst, und leuchtet dir bei der Umgehung von Hindernissen auf deinem Weg. Erlaube der hl. Dymphna, deine Lebensreise zu beleuchten. Solltest du irgendwelche unerwünschten Muster in deinem Verhalten entdecken oder geneigt sein, dich selbst zu sabotieren, wende dich an diese machtvolle Heilige und bitte sie um ihren sofortigen Beistand. Diese Karte ist außerdem eine Botschaft an dich, deinen Gefühlen zu vertrauen, besonders wenn sie dich dazu anleiten, positive Veränderungen vorzunehmen. Deine Gefühle sind die Stimme des Himmels, die durch sie zu dir spricht, und du hast ein Recht auf diese Emotionen, selbst wenn andere nicht damit einverstanden sind. Zudem kannst du alle verwirrenden Gefühle über Heilung und Führung auch Gott oder den Engeln übergeben.

Die hl. Dymphna war eine keltische Jungfrau, die aus ihrem Heimatland floh, nachdem ihr verwitweter Vater sich ihr in seiner Trauer und Verzweiflung auf unziemliche Weise näherte. Sie und der heilige Gerebernus reisten nach Antwerpen, wo sie ein Oratorium gründeten. Schließlich fand ihr Vater sie, und als sie seine unangebrachten Zuwendungen erneut ablehnte, tötete er sie und den heiligen Gerebernus. Von Dymphnas Relikten und der Stelle, an der sie starb, wird gesagt, dass sie Epilepsie, geistige Umnachtung, nervöse Beschwerden und Fälle von Besessenheit heilen. Heute befindet sich an der Stelle ihres Todes in Gheel (in der Nähe von Antwerpen) ein Sanatorium für psychisch Kranke. Sie ist die Schutzheilige für Ärzte, Krankenschwestern und Pfleger, die in psychiatrischen Kliniken tätig sind. Du kannst sie herbeirufen, damit sie dir, einem nahestehenden Menschen oder Klienten hilft, der unter emotionaler oder geistiger Verwirrung leidet.

Geh vorwärts – Schutzengel

Dies ist eine Botschaft zum Thema „Bewegung" – höchstwahrscheinlich bedeutet sie, dass du bald in ein neues Zuhause umziehst. Du hat seit langem über diese Möglichkeit nachgedacht und diese Karte stellt eine Bestätigung dieser Idee dar. Die Engel werden dir helfen, ein schönes neues Zuhause zu finden und dafür sorgen, dass die Details des Umzugs von deinem gegenwärtigen in dein neues Heim reibungslos über die Bühne gehen. Überlass jegliche Sorgen und Ängste in dieser Angelegenheit den himmlischen Mächten und vertraue darauf, dass die finanziellen Mittel, Bedenken bezüglich deiner Familie und andere Themen aufs Wunderbarste erledigt werden. Zudem fordert dich diese Botschaft auf, deinen Körper mehr zu bewegen. Die Engel bitten dich, durch physische Betätigung Bewegung in dein Leben zu bringen. Dies kannst du erreichen, indem du dich im Takt von Musik wiegst oder tanzt, Fitnesstraining machst, spazieren oder wandern gehst, mit deinen Kindern spielst oder ähnliches. Alle diese Bewegung erfordernden Tätigkeiten helfen dir, einen Neuanfang zu machen. Sie bringen neue Menschen in dein Leben, neue Erfahrungen und Gelegenheiten. Daher übergib alle Sorgen und Ängste, die du vielleicht hinsichtlich dieser Veränderungen hast, Gott und deinen Schutzengeln.

Gesunde Ernährung – Erzengel Raphael

Der Erzengel Raphael ist der Meisterheiler unter den Engeln. In dieser Kapazität sieht er die Notwendigkeit für dich, deine Ernährungsweise zu verändern und gesünder zu essen. Wahrscheinlich hast du diese innere Anweisung bereits durch wiederkehrende Gedanken oder Gefühle vernommen. Insbesondere würde Erzengel Raphael es begrüßen, wenn du mehr frische und biologisch-dynamische Produkte zu dir nimmst, mehr Wasser trinkst und raffinierte oder mit chemischen Stoffen belastete Lebensmittel und Getränke meidest. Die Belohnung für die von dir vorgenommene Veränderung deiner Essgewohnheiten macht sich unter anderem in größerer Energie bemerkbar, die dir erlaubt, mehr produktive Stunden der Realisierung deiner Träume und Wünsche, dem Beisammensein mit deiner Familie, der Erhaltung deiner Gesundheit und Erfüllung deiner Lebensaufgabe zu widmen. Raphael ist ein Erzengel, was bedeutet, dass er ein Aufseher über deine Schutzengel ist. Sein Name bedeutet: „Er, der heilt“ oder „Gott heilt“. Er wird im „Buch Tobit“, einem Kapitel des Alten Testamentes in der katholischen und anglikanischen Bibel, erwähnt. In dieser Geschichte heilt Raphael Tobit, einen guten, moralisch einwandfreien Mann, von seiner Erblindung und hilft dessen Sohn Tobias, eine wunderbare Frau zu finden und zu heiraten. Dieser Erzengel steht den Kranken bei, assistiert allen, die im Gesundheitswesen tätig sind und hilft dir, durch eine positive Lebensweise Wohlergehen zu erlangen und beizubehalten.

Glaube! – Hildegard von Bingen

Um diese Situation zu verbessern und zu heilen, ist es wichtig für dich, zu glauben. Glaube an Wunder, an die Macht der heilenden Liebe Gottes und an das grundsätzlich Gute in den Menschen. Dies ist ein wichtiger Faktor im Hinblick auf das Resultat dieser Situation. Die heilige Hildegard von Bingen hat gezeigt, dass man an sich selbst glauben muss, wenn man Gottes Botschaft in die Welt bringen will. Du *bist* qualifiziert. Du *bist* bereit und vorbereitet. Du *kannst* es tun.

Die Heilige überwand in ihrem Leben Selbstzweifel und wurde zu einer vielbegabten Autorin, Musikerin und Heilerin. Dies war vor allem deshalb bemerkenswert, weil man Frauen zu ihrer Zeit (1098-1179) weder zutraute noch von ihnen erwartete, irgendwelche besonderen Taten in der Welt zu vollbringen. Als zehntes Kind ihrer Familie geboren, wurde sie schon früh in ein Kloster geschickt, um die finanzielle Last ihrer Eltern zu mindern. Hildegard hatte bereits als junges Mädchen spirituelle Visionen und schließlich fühlte sie sich berufen, ein Buch darüber zu schreiben. Sie überwand ausgeprägte Selbstzweifel bezüglich ihrer literarischen Fähigkeiten und schrieb später: „Doch obgleich ich diese Dinge gesehen und gehört habe, weigerte ich mich aufgrund von Zweifeln, der geringen Meinung, die ich von mir selbst hatte, und wegen diverser entsprechender Äußerungen von Männern lange Zeit, diesem Ruf zum Schreiben Folge zu leisten." Die heilige Hildegard ist bekannt für wunderbare religiöse Lieder und für ihre Bücher über die Anwendung von Pflanzen und anderen Gaben der Natur, um körperliche Gesundheit herbeizuführen.

Glauben – Schutzengel

Denk an all die Wunder, die du bis heute in deinem Leben erfahren hast. Diese Karte bittet dich, daran zu glauben, dass der Himmel dir weiterhin helfen und dich auf deinem Weg unterstützen wird. Dein Glaube ist in dieser Zeit ein Schlüsselfaktor und es ist wichtig, dass du mit aller Kraft an ihm festhältst. Wie der Engel auf dieser Karte bist auch du dabei, einen großen

Sprung ins Ungewisse zu machen. Die Botschaft dieser Karte besagt, dass dir nichts geschehen wird und du diesen Sprung ohne Angst wagen kannst – endlich folgst du der Weisheit deines Herzens und du wirst mit nie erträumten Segnungen belohnt. Die Situation, die deine Gedanken beschäftigt, ist der richtige Weg, vorausgesetzt, du hältst an deinem Glauben fest. Dein unerschütterlicher Optimismus wird die Gelegenheiten und Hilfe in dein Leben bringen, die du brauchst, während jeglicher Pessimismus deinen Fortschritt aufhalten oder gar unmöglich machen würde. Jeden Abend, bevor du schlafen gehst, bitte deinen Schutzengel, alle Ängste zu beseitigen, die deinen Glauben ins Wanken bringen könnten. Beim Aufwachen am Morgen wirst du feststellen, dass dein Glaube erneuert und gestärkt ist. Mach dir bewusst, dass mit Glauben alles möglich ist.

Großzügigkeit – Hl. Nikolaus von Myra

Du bist aufgefordert, von jetzt an oder weiterhin Zeit, Geld, Unterstützung oder Güter für andere zur Verfügung zu stellen. Dieser Akt hilft dir zu wissen, wie viel du von allem hast und führt zu einem Gefühl der Fülle, das automatisch größeren Wohlstand in dein Leben zieht. Je mehr du gibst, desto mehr wirst du empfangen. Gib mit Freuden und verschwende nicht den geringsten Gedanken daran, ob du etwas zurückbekommen wirst. Der hl. Nikolaus erinnert dich an das Gefühl des Glücks, das dir zuteil wird, wenn du anderen aus einem Gefühl der Liebe heraus etwas gibst. Erlaube dir, dich davon überraschen zu lassen, wie und was das Universum dir zurückgibt. Nikolaus' legendäre Großzügigkeit führte zu seiner Bezeichnung „heiliger Nikolaus", und er wurde so auch zu einem Schutzheiligen von Kindern und Bedürftigen.

Eine der berühmtesten Geschichten über ihn beschreibt, wie er drei kleine Mädchen rettete, deren Vater sie zu Prostituierten machen wollte, um der in Armut geratene Familie das Überleben zu sichern. Der Heilige warf drei Säcke voller Gold durch das Schlafzimmerfenster der Mädchen, damit ihre Zukunft gesichert sei. Außerdem half der heilige Nikolaus, Übeltäter auf den richtigen Weg zurückzuführen und er stand jenen bei, die zu Unrecht eingesperrt waren. Du kannst ihn anrufen, damit er deine ehrenamtliche Tätigkeit inspiriert und leitet und dir die besten Möglichkeiten zeigt, deine Zeit, Energie und dein Geld zur Verfügung zu stellen.

Gute Reise – Hl. Christophorus

Diese Karte zeigt eine gute und sichere Reise an und lässt dich wissen, dass der heilige Christophorus an der Seite dessen ist, der reist. Der Segen der Engel liegt auf dieser Reise, die dafür Sorge tragen, dass alle Einzelheiten perfekt erledigt werden. Transport, Gepäck, Mahlzeiten und Unterbringung werden von den himmlischen Mächten überwacht, damit der Weg frei ist für eine angenehme Reise. Dies kann auch eine Botschaft sein, die besagt, dass für *dich persönlich* die Zeit gekommen ist, eine Reise zu unternehmen. Hast du dich schon länger gesehnt, endlich einmal erholsame Ferien zu machen? Gibt es einen Ort, zu dem du dich aus geschäftlichen oder privaten Gründen hingezogen fühlst? Gibt es einen dir nahestehenden Menschen, den du gerne besuchen möchtest? Wenn ja, ist diese Karte eine Bestätigung dafür, dass es an der Zeit ist, diesen Plan in die Tat umzusetzen. Schon seit Jahrhunderten tragen die Menschen Medaillons mit dem Abbild des hl. Christophorus um den Hals, damit er eine sichere und gute Reise gewährt. Er wurde aufgrund seines Berufes als Fährmann, der Menschen auch persönlich über einen Fluss trug, zum Schutzheiligen der Reisenden. Die Legende sagt, dass er ein hochgewachsener, kräftiger Mann war, der problemlos jeden transportieren konnte, gleich wie groß oder schwer derjenige war. Eines Tages kam ein kleiner Junge und bat, über das Wasser getragen zu werden. Trotz seiner kleinen Statur war er so schwer, dass der Heilige unter dem Gewicht des Kindes beinahe zusammenbrach. Als sie das andere Ufer erreicht hatten, enthüllte der Knabe seine wahre Identität: Es war Jesus. Der Name dieses Heiligen bedeutet „Er, der Christus getragen hat“.

Heilung – Pater Pio

Dies ist eine machtvolle Karte, da sie die Kraft des Gebetes anzeigt. Deine Bitten betreffs Heilung sind erhört und beantwortet worden. Die Situation ist von Gottes erneuernder Liebe umgeben und im Begriff, sich auf eine wunderbare Weise zu lösen. Deine Gebete sind besonders machtvoll, also lass nicht darin nach. Vielleicht möchtest du auch andere um ihre Gebete bitten, zum Beispiel eine Gebetsgruppe, um diesen Prozess zu intensivieren. Darüber hinaus ist dies eine Botschaft über deine eigenen Heilfähigkeiten und eine Aufforderung des Himmels, diese Talente zu benutzen, um anderen Menschen auf eine wirkungsvollere Art zu helfen. Wenn du beschließt, diesem Ruf zu folgen, wird Gott die Türen für deinen Weg als Heiler öffnen. Der vor wenigen Jahren heilig gesprochene Pater Pio, der jene, die seinem Weg folgen, sowohl heilt als auch ihnen beisteht, wird dich inspirieren und beschützen, während du die eventuell erforderlichen Änderungen in deinem Leben vornimmst. Pater Pio war unermüdlich zum Wohle anderer Menschen tätig und seine ganze Hingabe galt der Hilfe Tausender, die in seine Kirche und sein Krankenhaus in Italien kamen. Auch seine mystischen Erlebnisse und Heilungen sind legendär. Während er einst vor einem Kruzifix kniete, bildeten sich Stigmata auf seinem Körper und waren fünfzig Jahre lang sichtbar, bis kurz vor seinem Tod. Viele Menschen berichten über Visitationen von Pater Pio, die mit Wunderheilungen sowie Schutz vor Unheil assoziiert werden.

Höhere Bildung – Schutzengel

Dein Engel führt dich, damit du höhere Bildung erlangst, entweder indem du wieder auf eine Schule gehst oder durch selbständige Studien. Höhere Bildung bezieht sich auf Instruktionen mit einer spirituellen Basis, daher ist dies eine Botschaft, die dich einlädt, dich mit Themen zu befassen, die dein wahres Interesse wecken. Wenn es zum Beispiel einen spirituell orientierten dienenden Beruf gibt, den du gerne ergreifen würdest, ist jetzt die Zeit gekommen, damit zu beginnen, dein Wissen in diesem Bereich zu vertiefen. Dies kann bedeuten, dass du entsprechende Klassen oder Kurse buchst oder mit einem Mentor arbeitest. Übergib jegliche Sorgen oder Ängste bezüglich der Überlegung, ob du genug Zeit, Geld oder Talent für diese Beschäftigung hast, deinem Engel. Du wirst als Antwort auf deine Bitte um tiefere Erfüllung sanft angestoßen, mehr zu lernen. Vertraue darauf, dass sich dir die entsprechenden Türen zum richtigen Zeitpunkt öffnen werden und schreite dann voller Vertrauen hindurch. Fang mit einfachen Schritten an, indem du dich beispielsweise erkundigst, welche Klassen oder Kurse zu dem von dir gewählten Thema angeboten werden. Wenn du auch das Gefühl haben magst, dass Lernen viel Zeit erfordert, vergiss nicht, dass du währenddessen lebst und in dieser Zeit sowieso irgendetwas tun wirst. Du kannst genauso gut deine Tage auf kluge Weise nutzen, indem du deine Zeit und Energie in etwas Sinnvolles investierst. Durch das Erlangen einer höheren Bildung wirst du neue Weisheiten entdecken und größere Selbstachtung entwickeln; neue Freunde werden in dein Leben kommen, und viele aufregende Gelegenheiten werden sich dir bieten, die dazu beitragen, dass du die ersehnte Erfüllung findest.

Innehalten – Schutzengel

Dein Schutzengel fordert dich auf, einen Moment innezuhalten, bevor du den nächsten Schritt tust. Während dieser Pause nimm dir die Zeit und betrachte noch einmal genau deine wahren Gedanken und Gefühle bezüglich dieser Situation. Du bist in letzter Zeit so schnell voran geeilt, dass du unter Umständen die Wünsche anderer Menschen mit deinen eigenen verwechselt hast. Gönn dir eine Pause und sei wirklich ehrlich mit dir selbst: Was willst *du*? Was ist deiner Meinung nach das Richtige, was zu tun ist? Bete darum zu erfahren, was Gottes Wille in dieser Situation ist. Du solltest dich gut fühlen, bevor du den nächsten Schritt machst. Daher stelle deine Fragen und kläre alle Probleme, bevor du weitere Handlungen vornimmst. Vielleicht entscheidest du dich, noch zu warten oder das ganze Projekt abzublasen. Sollte dies der Fall sein, wirst du um die Gründe für deine Entscheidung wissen, nachdem du dir die Zeit genommen und deine Optionen noch einmal genau angeschaut hast. Dies ist eine Botschaft, dir selbst und Gott gegenüber total ehrlich zu sein. Erlaube nicht, dich von der Meinung anderer, die der deinen zuwiderläuft, vom eigenen Weg abbringen zu lassen. Sobald du dir über deine wahren Gründe und Motivationen im Klaren bist, werden deine Aktionen von Wahrheit, Liebe und Hingabe inspiriert und daher erfolgreich sein. Diese gewinnbringenden Ingredienzien bedeuten ohne Frage Erfolg für jedes Projekt!

Keine Kompromisse – Hl. Agnes von Rom

Du bist aufgefordert, für deine Wahrheit und Selbstachtung einzustehen. Du musst keine Kompromisse eingehen, um das zu bekommen, was du dir wünschst, und du kannst dein Leben im Namen der Wahrheit deiner Glaubenssätze führen. Die heilige Agnes ist in dieser Hinsicht dein Vorbild und deine führende Kraft. Sie zeigt, dass du weder in Liebesbeziehungen noch in deiner Karriere, deinem Heim, deiner Gesundheit und anderen Lebensbereichen deine Werte kompromittieren darfst. Wenn du dich in einer schwierigen Situation befindest, versuche zunächst, mit den anderen daran beteiligten Personen eine bessere Lösung herbeizuführen. Wenn zum Beispiel eine Liebesbeziehung unbefriedigend ist, lass deinen Partner wissen, was du wirklich fühlst. Die hl. Agnes und deine Engel werden dir helfen, deiner Wahrheit mit Liebe Ausdruck zu verleihen, damit dein Partner dich wirklich hören kann. Sollte dies nicht zu einem befriedigenden Resultat führen, wird dich diese Heilige unter Umständen zu einem Berater oder einer hilfreichen Organisation oder Gruppe führen. Das Wichtigste bei dieser Botschaft ist jedoch, kompromisslos zu deiner Wahrheit zu stehen. Als Gottes geliebtes Kind hast du es verdient, mit Liebe, Respekt und Würde behandelt zu werden. Akzeptiere nichts, was dem widerspricht. Die hl. Agnes war kompromisslos, wenn es darum ging, zu ihren Glaubenssätzen zu stehen. Obwohl sie gefoltert und ihr mit dem Tod gedroht wurde, widerrief sie ihren Glauben nicht. Die Legende sagt darüber hinaus, dass Agnes eventuelle Verehrer ablehnte (einschließlich eines römischen Würdenträgers), da sie fest entschlossen war, ihre Keuschheit zu bewahren. Verschiedene Männer versuchten, sie zu vergewaltigen, doch sie wurden mit Blindheit geschlagen, bevor sie ihr etwas antun konnten. Die hl. Agnes starb für ihren Glauben in jungen Jahren, mutig und unberührt. Sie ist eine Schutzheilige verlobter Paare und sie hilft jenen, deren Wunsch es ist, den passenden Ehepartner zu finden.

Kind – Schutzengel

Dies ist eine Antwort mit vielen Facetten, entsprechend deiner Situation. Hier sind mögliche Bedeutungen hinter deiner Wahl dieser Karte – deine Intuition wird dir sagen, welche Antwort für dich zutrifft:

1. Sei wie ein Kind. Habe kindliches Vertrauen darin, dass sich alles zum Besten entwickeln wird, und genauso wird es sein.
2. Bald wird ein Kind in dein Leben kommen.
3. Achte auf dein Kind oder ein bestimmtes Kind, für das du sorgst.
4. Hilf Kindern allgemein durch Erziehung, indem du dich für sie einsetzt, durch Heilung und ähnliches.
5. Ein Kind im Himmel ist glücklich; es geht ihm gut und es schickt dir eine Botschaft der Liebe.

Die Reinheit und Unschuld von Kindern verleiht ihnen eine engelsgleiche Qualität und versichert sie der speziellen Fürsorge der himmlischen Mächte. Deine Gebete für die Kleinen genießen eine hohe Priorität und werden jedes Mal erhört. Diese Karte ist eine Botschaft, die besagt, dass du als Erdenengel zum Wohlergehen der Kinder tätig wirst. Die Engel werden dir bei diesem Anliegen helfen, wenn du sie um ihre Unterstützung und Führung bittest.

Lernerfahrung – Schutzengel

Diese Situation ist eine Gelegenheit für dich, einige wichtige Lebenslektionen zu lernen. Anstatt diese Erfahrung als ein Problem zu betrachten, betrachte sie als etwas, das dir helfen wird, zu lernen und zu wachsen. Zu den wertvollen Qualitäten, die du im Verlauf dieses Prozesses gewinnst, gehören innere Kraft, Geduld, Vergebungsbereitschaft und Beharrlichkeit. Ähnlich dem Engel auf der Karte, der eine strahlende weiße Taube in Händen hält, ist dies eine Gelegenheit, dein Licht noch strahlender leuchten zu lassen. Achte auf jegliche vertrauten Aspekte dieser Situation: Gibt es Dinge oder Aspekte, derer du müde und die loszulassen du bereit bist? Wenn du erst einmal den Segen erkannt hast, der in einem alten Muster steckt, wird es nicht mehr nötig sein, dass du dieses Muster wiederholst. Du wirst die erforderliche Lektion gelernt haben und kannst dich ein für allemal von ihr befreien. Dein

Schutzengel wird dir sowohl helfen, die gegenwärtige Situation in einem positiveren Licht zu sehen, als auch die dazugehörigen Lektionen zu identifizieren und unerwünschte Muster zu heilen. Bitte einfach deinen Engel um Hilfe bei diesen Themen und dann achte auf alle liebevollen Gedanken oder Gefühle, die dich dazu anleiten, entsprechende Schritte zu unternehmen.

Liebe – Gott

Gott ist Liebe und Gott ist überall. Daraus ergibt sich, dass göttliche Fürsorge deine Situation umgibt, unterstützt und heilt. Die Antwort auf deine Frage ist einfach „Liebe“. Das liegt daran, dass sie in Wahrheit alles ist, was existiert. Indem du dich auf Gott und diese liebevolle Fürsorge ausrichtest, wirst du die Antworten, Lösungen und Resultate finden, die du suchst. Es hat den Anschein, als wolltest du um jeden Preis alles alleine machen. Diese Karte erinnert dich daran, Gott *bei allem* um Hilfe zu bitten. Die unendliche Weisheit des Himmels hält wunderbare Antworten und Lösungen für dich bereit. Mach dir keine Sorgen darüber, wie deine Gebete beantwortet werden – stattdessen vertraue darauf, dass Gottes Wille Frieden für dich und deine Lieben vorsieht. Zu deiner Lebensaufgabe gehört, dass du ein Vorbild göttlicher Liebe bist bzw. wirst. Indem du jedes Mal, bevor du etwas tust, über Gott meditierst, wirst du zu einer Reflektion dieses strahlenden Lichtes. Das bietet dir die beste Möglichkeit, ein spiritueller Lehrer zu sein bzw. zu werden: Indem du anderen durch dein eigenes Leben ein Beispiel gibst. Fühle Gottes allumfassende Liebe jetzt in deinem Herzen und wisse, dass dies die Antwort ist, nach der du suchst.

Liebenswürdigkeit – Schutzengel

Dein Schutzengel bittet dich, den süßen Nektar des Lebens wahrzunehmen und zu genießen. „Du bist liebenswert," sagt dein Schutzengel über dich, „und ich kann dir helfen, dieses Glück und diese Freude zu fühlen." Wenn du dich aufgrund der Erfahrungen in deinem Leben verhärtet und bitter fühlst, kann dein Engel dir helfen, deine Verteidigungsmechanismen abzubauen ... und dabei sicher, beschützt und respektiert zu sein. Darüber hinaus ist dies eine Botschaft, dich selbst mit zärtlicher Liebenswürdigkeit zu behandeln. Gönne dir Belohnungen und sei liebevoll mit dir selbst. Gehst du etwa zu sehr mit der anstrengenden Einstellung „Nur Arbeit, null Vergnügen" an dein Leben heran? Sei gut zu dir und nimm dir die Zeit, zu spielen, Spaß zu haben und die Früchte deiner Arbeit zu genießen! Dein Schutzengel wird dir außerdem helfen, auf verschiedene Weise Süße in deine Beziehungen zu bringen, indem du deine Worte mit Liebe wählst, aus Liebenswürdigkeit heraus handelst, ehrlich gemeinte Komplimente machst, sowie großzügig und rücksichtsvoll bist. Indem du anderen gegenüber diese Rücksichtnahme walten lässt, sorgst du dafür, dass sie mannigfach zu dir zurückkommt. Gott und die Engel helfen dir, dich wieder in das Leben zu verlieben und dich seiner üppigen Süße zu erfreuen.

Mutter – Maria

Die Antwort auf deine Frage hat mit dem Thema „Mutter" zu tun. Die Jungfrau Maria ist bei dir und hilft dir bei allen emotionalen Turbulenzen mit deiner eigenen Mutter, wie zum Beispiel Trauer, Wut oder Besorgnis. Sie kann dir bei der Heilung seit langem bestehender negativer Muster zwischen euch beiden helfen. Und während du dich dieser Aufgabe mit Marias Beistand widmest, wirst du auch in anderen Bereichen deines Lebens Heilung erfahren. So verbessert die Heilung von Themen in der Beziehung zu deiner Mutter auch deine Beziehungen mit anderen Frauen, vor allem solchen, die große Macht und Autorität haben. Sie hilft dir, offen und rezeptiv zu sein, da weibliche Energie von Natur aus empfänglich ist. Wenn du eine Frau bist, kann die Lösung eines Themas, das mit deiner Mutter zusammenhängt, deine Selbstliebe und Selbstachtung enorm verbessern. Darüber hinaus ist dies eine Botschaft für dich als Mutter oder Frau, die es sich zur Aufgabe gemacht hat, für andere zu sorgen. Die heilige Jungfrau Maria möchte dir in diesem Lebensbereich helfen. Sie wird jegliche Schuldgefühle oder Stress beseitigen, die das Gefühl der Freude, Mutter zu sein und für andere zu sorgen, negativ beeinflussen könnten. Falls du Kindern generell helfen möchtest, bitte Mutter Maria um eine göttlich zugewiesene Aufgabe. Sie hat so viel Liebe für Kinder, dass sie mit Freuden all jenen Beistand leistet, deren Wunsch es ist, sich um Kinder zu kümmern, damit die Betreffenden besser in der Lage sind, den Kleinen auf vielfache Weise zu helfen.

Optimismus – Schutzengel

Du hast Recht, dich in dieser Situation optimistisch zu fühlen, da sie soviel beinhaltet, was zu den schönsten Hoffnungen Anlass gibt! Dein Schutzengel hat alle deine Hoffnungen, Träume und Sehnsüchte miterlebt und weiß, dass diese neue Situation eine echte Antwort auf deine Gebete ist. Dein Schutzengel sieht, deinen eigenen Augen noch verborgen, Einzelheiten von dem, was dich erwartet und er übermittelt dir die Botschaft, dass alles gut ist. Deine optimistische Sichtweise sorgt dafür, dass du freudig und guter Dinge bist, während sich die Dinge entfalten. Deine positive Natur ist anziehend und motiviert andere Menschen, dir zu helfen.

Sollte es Personen geben, die nicht an deinen Traum glauben, mach dir deswegen keine Sorgen. Bleib weiterhin guter Dinge und optimistisch und versuche, den ewigen Neinsagern aus dem Weg zu gehen. Forschungen zeigen, dass optimistische Menschen gesünder und glücklicher sind und länger leben. Erwarte weiterhin das Beste vom Leben, weil du tatsächlich das bekommen wirst, was du erwartest.

Retreat – Schutzengel

Dies ist eine starke und klare Botschaft, dich sobald wie möglich eine Weile von allem zurückzuziehen. Deine Schutzengel möchten, dass du ein wenig Frieden und Stille erlebst, da du dich ausruhen, erfrischen und sammeln musst. Deine auf diese Weise verbrachte Zeit wird dir neue Energie schenken und deine Batterien aufladen. Du wirst sowohl neue Einsichten und die Antworten erhalten, die du suchst, als auch ein besseres Verständnis über die Richtung gewinnen, die du einschlagen sollst, und du erkennst, welchen Schritt du als nächstes unternehmen solltest. Übergib dieses Bedürfnis nach einem Retreat deinen Engeln und sie werden sich um die Einzelheiten kümmern. Sie werden dafür sorgen, dass dir die Zeit, das Geld und jegliche Unterstützung zur Verfügung steht, die du brauchst, um eine wunderbare Erfahrung zu machen. Vertraue darauf, dass der Ort, an den sie dich schicken, ideal für dich ist. Dies ist ein Segen nicht nur für dich, sondern auch für deine Lieben, da es dazu beitragen wird, dass du glücklicher und gesünder bist. Es ist kein Zeichen von Egoismus, wenn du dich auf diese Weise um dich selbst kümmerst – vielmehr ist es eine Investition in dein Wohlergehen und ein Geschenk an deine Familie. Zieh dich ohne Zögern eine Weile zurück.

Schlaf – Schutzengel

Schau dir das Thema Schlaf als Antwort auf deine Frage genauer an. Höchstwahrscheinlich handelt es sich bei dieser Karte um eine Botschaft für dich, dir mehr Ruhe zu gönnen. Streiche unnötige Aktivitäten aus deinem Terminplan und achte darauf, dass du ausreichend Schlaf bekommst. Wenn emotionale Probleme dich nachts wach halten, übergib sie Gott und deinen Engeln. Am besten tust du dies, indem du dir vorstellst, dass dein Engel einen Eimer in der Hand hält. Gib jegliche Sorgen oder Ängste in diesen Eimer und sieh zu, wie der Engel ihn hinauf in den Himmel trägt, wo alles geheilt wird. Sorge dafür, dass die Umgebung, in der du schläfst, einer guten Nachtruhe zuträglich ist und prüfe, ob dein Bettzeug sauber und antiallergisch ist. Deine zunehmende Sensitivität bedeutet, dass du chemische Stoffe oder solche, die Allergien hervorrufen können, aus deinem Schlafzimmer verbannen solltest; zudem sollte es nach Möglichkeit dunkel, ruhig und kühl sein. Auch frische Luft kann zu einem erholsamen Schlaf beitragen. Darüber hinaus ist dies ein Hinweis, dir während des Tages öfter eine Ruhepause zu gönnen. Du treibst dich selbst zu sehr an. Vermeide oder reduziere stimulierende Genussmittel wie Koffein, Zucker, Nikotin und Schokolade. Lege hin und wieder eine Pause zum Meditieren ein – selbst zwei Minuten, in denen du deine Augen schließt, tief ein- und ausatmest und positive Gedanken denkst, werden dir helfen, neue Energie zu tanken.

Segensreiche Fülle – Schutzengel

Deine Gebete sind erhört und beantwortet worden. Dein tägliches Brot und andere Notwendigkeiten sind gesichert, jetzt und in der Zukunft. Überlass alle Ängste und Sorgen Gott und den Engeln und vertraue darauf, dass sie für dich und deine Lieben sorgen. Mach dir keine Gedanken mehr darüber, wie deine Bedürfnisse erfüllt werden, da Gottes unendliche kreative Weisheit sich um die Einzelheiten kümmern wird. Sei offen, Geschenke und Hilfe von anderen anzunehmen, da dies eine der Möglichkeiten ist, durch die der Schöpfer deine Gebete beantwortet. Gott steht ein unerschöpflicher Vorrat zur Verfügung, und so wie alle liebevollen

Eltern möchte auch er nur das Beste für dich. Hab Vertrauen, liebes Wesen. Dir wird eine segensreiche Fülle gewährt bei allem, was du tust. Du verdienst es, die Hilfe des Himmels zu empfangen, denn du bist Gottes heiliges Kind. Der Himmel liebt dich sehr und weiß, dass du materielle Bedürfnisse hast. Vertraue darauf, dass diese Bedürfnisse erfüllt werden. Folge deiner inneren göttlichen Führung, die dir zeigt, wann du aktiv werden musst, und Gott wird den Rest erledigen.

Sei mutig – Schutzengel

Wenn es sich auch anfühlen mag, als seiest du in Gefahr oder in der Dunkelheit gefangen, so versichert dir dein Schutzengel dennoch, dass du absolut sicher, beschützt und geführt bist. Lass dich nicht von Illusionen oder Ängsten zum Narren halten – sei stattdessen mutig und nimm deine ganze persönliche Kraft zusammen. Diese Situation hält einen Segen für dich bereit und wenn du dich darauf fokussierst, diesen Segen zu finden, darfst du sicher sein, dass du ihn entdecken wirst. Jemand, von dem du dich gegenwärtig eingeschüchtert fühlst, wird sich bald als dein zuverlässiger Verbündeter entpuppen. Tue dein Bestes, um Gott im Inneren jedes Menschen und jeder Situation zu sehen ... und auch in deinem eigenen Inneren. Dies ist in Wahrheit eine Gelegenheit für dich, an Kraft und Erfahrung zu gewinnen und größere Selbstachtung zu entwickeln. Laufe nicht vor Konflikten davon, sondern stelle dich ihnen in Demut und Liebe. Bete und bitte um himmlischen Beistand, und er wird dir gewährt werden. Die Situation wird sich sehr bald auf wundersame Weise lösen. Deine Aufgabe besteht darin, positiv zu bleiben, dich offen zu deiner Wahrheit zu bekennen und mutig zu sein.

Spiele Musik – Hl. Cäcilie

Das ist eine Botschaft, mehr Musik in dein Leben zu lassen, da sie dir helfen wird, die Antworten und Lösungen zu finden, die du suchst. Dazu kann das Spielen eines Instrumentes gehören, vielleicht indem du wieder eins zur Hand nimmst, das du in der Vergangenheit gespielt hast. Es könnte auch bedeuten, dass du lernst, ein neues Instrument zu spielen. Oder es könnte einfach eine Botschaft für dich sein, die dich auffordert, öfter Musik mit deinem gegenwärtigen Instrument zu machen. Diese Karte bittet dich außerdem, dafür zu sorgen, dass du in deinem Zuhause und an deinem Arbeitsplatz kontinuierlich von Musik umgeben bist. Versuche, ausschließlich erhebende Musik zu hören, da du empfindsam bist für Worte und Melodien. Darüber hinaus wirst du eingeladen zu singen, um auf diese Weise der Musik Ausdruck zu geben, die in deinem Inneren klingt – du kannst dies sowohl tun, wenn du alleine bist und dich ausdrücken willst, als auch vor den Ohren anderer. Die heilige Cäcilie ist die Schutzheilige der Musik, der Sänger und Musiker. Sie überließ sich schon früh ganz dem Willen Gottes und legte einen Keuschheitseid ab, doch wurde sie von ihrer Familie zur Heirat gezwungen. Bei ihrer Hochzeit konnte Cäcilie die Musik, die gespielt wurde, nicht ertragen, also sang sie ihre eigenen, von Herzen kommenden Rhythmen, die zu ihrer Assoziation mit Musik führten. Sie überzeugte ihren Ehemann, zum Christentum überzutreten und ihre Jungfräulichkeit unberührt zu lassen. Sein neuer Glaube hatte einen derart reinigenden Einfluss auf seine Seele, dass er Cäcilies Schutzengel sehen konnte, der sie beim Musikmachen und Singen begleitete.

Sprich Deine Wahrheit aus – Hl. Bernadette

Dies ist eine nachdrückliche Botschaft, die dich auffordert, zu dir zu stehen und deine Wahrheit verbal zum Ausdruck zu bringen. Übergib Gott, der heiligen Bernadette und deinen Engeln jegliche Ängste oder Sorgen im Hinblick auf mögliche Reaktionen anderer. Du kannst auf ehrliche und liebevolle Weise sprechen und dabei deine Integrität wahren. Gleich, wie andere reagieren, musst du der Wahrheit, so wie du sie siehst, Ausdruck verleihen. Der Himmel wird dich beschützen und deine Worte führen, während du sie aussprichst. Während du dies tust, werden dir manche Menschen aus ganzem Herzen zustimmen – sie haben auf jemanden gewartet, der dieser Information seine Stimme leiht. Doch kann es sein, dass andere nicht mit dem einverstanden sind, was du sagst. Halte dich an das, was du glaubst, unabhängig von der Reaktion anderer Menschen. Du bist jemand, der die Wahrheit sagt, und solange, wie du mit Liebe und Überzeugung sprichst, hast du nichts zu befürchten. Die heilige Bernadette ist das wunderbare Beispiel eines Menschen, der dieser Führung gefolgt ist, sogar als sie dafür mit dem Gefängnis bedroht wurde. Im Alter von vierzehn Jahren hatte sie die erste von achtzehn Visionen der heiligen Jungfrau Maria in der Nähe ihres Wohnortes Lourdes in Frankreich. Mutter Maria gab Bernadette die Anweisung, in der Erde zu graben; aus dem so entstandenen Loch sprudelten schließlich die heilenden Quellen von Lourdes. Während der heiligen Bernadette diese Visionen zuteil wurden, wurden sie und ihre Familie zur Zielscheibe von Drohungen und Nachstellungen seitens von Regierungsbeamten, die sie der Lüge und geistigen Umnachtung bezichtigten. Doch Bernadette ließ sich nicht einschüchtern und brachte weiterhin beständig und höflich ihre Wahrheit zum Ausdruck. Heute besuchen mehr als fünf Millionen Menschen jährlich die heilenden Wasser von Lourdes und kommen auf diese Weise in den Genuss von Bernadettes Mut.

Ständiger Fortschritt – Hl. Therese von Lisieux

Du hast beständige Fortschritte gemacht und es ist wichtig für dich zu erkennen, dass diese Fortschritte und nicht etwa Vollkommenheit das Entscheidende sind. Die Botschaft hier lautet, dass du stolz sein darfst auf alles, was du bereits erreicht und darauf, wie vielen Menschen du geholfen hast. Konzentriere dich nicht auf irgendwelche Schwächen oder Fehler, die du deiner Meinung nach gemacht hast. Schuldgefühle und Bedauern haben noch nie jemandem geholfen, daher lass sie jetzt ein für allemal los. Darüber hinaus wirst du aufgefordert, dir selbst für etwas zu vergeben, von dem du glaubst, dass du es getan oder nicht getan hast. Die heilige Therese hat auch kein spirituell perfektes Leben geführt; zum Beispiel ließ sie sich oft während ihrer Gebete ablenken oder schlief sogar dabei ein. Doch betonte sie immer wieder, dass es der „kleine Weg" des ständigen Fortschritts ist, der uns mit Gott und dem Himmel verbindet. Sie schrieb: „Lerne von deinen Herausforderungen und wachse daran, doch lass dich durch sie nicht von deiner Hingabe oder deinem geistigen Weg abhalten." Die heilige Therese wurde 1873 in

Lisieux in Frankreich geboren und trat, zusammen mit zwei ihrer Schwestern, in den Orden der Karmeliterinnen ein. Dort hatte sie schon bald mystische Erlebnisse, die sie in einer Autobiographie mit dem Titel *The Story of a Soul* beschrieb und das auch nur, weil ihre Mutter Oberin sie dazu anhielt. Viele wunderbare Heilungen verschiedenster Erkrankungen, wie zum Beispiel Magengeschwüre, Tuberkulose und Arthritis, werden der Fürsprache der heiligen Therese zugeschrieben. Auf ihrem Totenbett versprach sie, Rosen als Zeichen ihrer fortwährenden Präsenz und Hingabe zu schicken, daher wird sie oft auch „Kleine Blume“ genannt.

Stress-Management – Schutzengel

Deine Engel arbeiten mit dir, um die Auswirkungen von Stress in deinem Leben zu reduzieren. Achte genau auf die dir zuteil werdende göttliche Führung wie zum Beispiel Gedanken oder Gefühle, die dir ein Zeichen geben, dir eine Ruhepause zu gönnen, Fitness zu betreiben, deinen normalen Tagesablauf zu modifizieren oder Konflikte zu vermeiden. Du musst sowohl den Stress in deinem Leben verringern als auch einen neuen Weg finden, damit umzugehen. Um diese Last leichter zu machen, musst du im Umgang mit anderen ein sicheres Auftreten haben und unangebrachte

Forderungen mit einem klaren „Nein“ beantworten. Tue nichts aus einem Gefühl der Schuld oder Verpflichtung heraus und lass dich nur auf Aktivitäten ein, die du im Sinne des liebevollen Dienstes zu verrichten bereit bist. Vermeide ein rauhes Umfeld, gewaltorientierte Medien und negative Beziehungen und stelle dich frontal jeder Situation, die dir Angst macht. Es ist besser, Pläne für den Umgang mit Problemen zu machen, als sich chronisch darum zu sorgen, wie man ihnen aus dem Weg geht. Zum Stress-Management gehört, dass du besonders gut auf dein Wohlergehen achtest. Dies bedeutet regelmäßige körperliche Betätigung, Aufenthalt in der Natur und eine gesunde, möglichst biologisch-dynamische Ernährungsweise. Außerdem leitet dein Engel dich an, dein Leben mit schöner Musik, Blumen und liebevollen Beziehungen zu bereichern, zu denen natürlich auch deine Haustiere gehören können. Übergib alle Sorgen oder Bedürfnisse deinen Schutzengeln und bitte sie, dir zu helfen, im Umgang mit allen stressigen Angelegenheiten göttliche Weisheit zu empfangen. Deine Engel werden dir außerdem helfen, die Liebe und das Licht in jeder Situation zu sehen, damit deine Gedanken von Frieden erfüllt sind.

Tiere – Franziskus von Assisi

Du hast eine stark ausgeprägte liebevolle Verbindung zu Tieren. Wie dem heiligen Franziskus vertrauen die Tiere auch dir instinktiv. Sie können dein Mitgefühl und Verständnis fühlen und kommen zu dir, wenn sie Hilfe oder Freundschaft brauchen. Du besitzt eine innere Fähigkeit, mit Tieren zu kommunizieren und du weißt, was sie denken und empfinden. In gewisser Weise fühlst du dich in Gesellschaft von Tieren wohler als unter Menschen. Du würdest dich ausgezeichnet dazu eignen (und könntest dies zu einem einträglichen Beruf machen), Tiere zu versorgen, sie auszuführen oder zu pflegen; auch Tierarzt oder Tierkommunikator (wie zum Beispiel Pferdeflüsterer) wäre ein guter Beruf für dich. Deine verstorbenen Haustiere senden dir ihre Liebe. Sie möchten dich wissen lassen, dass sie glücklich sind und es ihnen im Himmel gut geht. Franziskus wird mit Natur und Tieren assoziiert, und er ist ein Schutzheiliger für das Wohlergehen der Tiere. Die Legende sagt, dass er im Wald Predigten gehalten hat und dass die wilden Tiere und die Vögel zu ihm kamen und ihm zuhörten. Der hl. Franziskus wurde um 1181 in Assisi, Italien, geboren. Er entsagte dem Reichtum seiner Familie und wurde zu einem reisenden Prediger, dessen Anhänger später den ersten Franziskaner-Orden gründeten. Franziskus verbrachte einen Großteil seiner Zeit damit, den Armen zu helfen und sie zu heilen, vor allen die an Lepra Erkrankten. Das machtvolle Gebet dieses sanften Heiligen, das mit den Worten beginnt: „Herr, mach mich zu einem Instrument deines Friedens," hat ihn seit langem zu einem der meistgeliebten Heiligen gemacht.

Triumphierend! – Schutzengel

Du wirst triumphieren und deine Wünsche werden sich manifestieren. Jegliche Hindernisse, die sich dir in den Weg gestellt haben, sind vorübergehender Natur. Deine Schutzengel sorgen dafür, dass sie aus dem Weg geräumt werden, indem sie sich darum kümmern. Sorge dich nicht, wenn du dich mit scheinbaren Hindernissen konfrontiert siehst, da es sich dabei nur um Illusionen handelt, die sich bald auflösen werden. Wenn du dir hinsichtlich dieser Themen zu große Sorgen machst, verleihst du ihnen nur zusätzliche Macht. Betrachte sie stattdessen wie Wolkenfetzen, die dich nicht wirklich blockieren können. Dies ist eine besonders wichtige Zeit für dich, in ständigem Kontakt mit Gott und deinen Engeln zu bleiben. Manchmal, wenn wir unter Stress stehen, vergessen wir zu beten und den Himmel um Hilfe zu bitten – doch sind dies die Zeiten, in denen es das Beste für uns ist, den Beistand unseres Schöpfers und unserer himmlischen Führer zu erbitten. Es ist deinen Engeln eine große Freude, dir zu helfen und alle Steine aus deinem Weg zu räumen, damit du ungehindert die nächsten Schritte tun kannst. Sie wissen, dass du in einer friedlichen Umgebung schneller wächst, vergleichbar einer Pflanze, die mit optimalen Nährstoffen, Sonnenlicht und Wasser zu voller Stärke heranwächst. Dein Leben ist dabei, stabiler zu werden, erfüllt von einer ruhigeren Form tief berührenden Erfahrunger. Das Drama von Hindernissen wird zu einer Sache der Vergangenheit.

Übung macht den Meister – Schutzengel

Üben, üben, üben ... das ist die Botschaft, die dir dein Schutzengel vermittelt. Um zu bekommen, worum du bittest, musst du dein Handwerk regelmäßig üben. Dein Schutzengel wird dir helfen, in deinem Terminplan genügend Zeit für deine entsprechende Arbeit freizuhalten. Dies ist eine positive Botschaft für dich, mehr Zeit damit zu verbringen, das zu tun, was du liebst. Eine neue Fertigkeit zu üben hilft dir, geübter, gewandter und selbstbewusster zu werden, was sich auch auf andere Bereiche deines Lebens positiv auswirkt. Dies kann auch eine Botschaft für dich sein, eine Privatpraxis als Heiler bzw. Heilerin zu eröffnen. Doch musst du an deinen Heilungsfertigkeiten auf die gleiche Weise arbeiten, um sie auf ihren höchsten Stand zu bringen. „Übung macht den Meister“ ist ein altes Sprichwort; dabei musst du deine Fertigkeiten nicht *perfektionieren*, sondern sie einfach nur *praktizieren*.

Vergebung – Maria Magdalena

Zur Antwort auf deine Frage gehört, dass du Bitterkeit, Urteile und Wut loslässt. Du weißt bereits, wem oder was Du vergeben solltest: Es ist die erste Person oder Situation, die dir in den Sinn kommt. Du musst nicht notwendigerweise die betreffende Tat vergeben, doch ist diese Karte eine Aufforderung, die Giftstoffe der Wut gegenüber einer anderen Person, Behörde oder Situation loszulassen, die deine Seele zu vergiften droht. Du bist dabei, dich auf ein wunderbares neues Kapitel in deinem Leben vorzubereiten, und Vergebung ist ein Teil deiner Vorbereitung. Sie ist eine erfrischende und zutiefst heilende Dusche der Liebe, die dich innen und außen reinigt. Diese wiederum verleiht dir neue Energie, Durchhaltekraft und hohe Selbstachtung, und sie gibt dir die Freiheit, du selbst zu sein. Wende dich an die heilige Maria Magdalena, damit sie dir hilft, zu vergeben oder Vergebung zu erlangen, damit du die nächsten Schritte in deinem Leben machen und deine Träume realisieren kannst. Die Beziehung dieser Heiligen zu Jesus hat immer wieder zu erregten Debatten geführt. In der Bibel wird sie als eine hingebungsvolle Gefährtin und Anhängerin von Jesus beschrieben, die ihn mit Öl aus einem Alabastergefäß salbte, und zudem war sie der erste Mensch, dem Jesus nach seiner Auferstehung erschien. Heute ist Maria Magdalena eine Schutzheilige der Frauen. Als eine Frau, die sowohl missverstanden wurde als auch Vergebung erfahren hat, ist sie eine machtvolle Verbündete, wenn es darum geht, ein Missverständnis oder eine Streitigkeit zu klären.

Verpflichtung – Schutzengel

Obwohl du vielleicht Schwierigkeiten oder Angst hattest, ist diese Karte eine Botschaft deines Schutzengels, nicht in deiner Verpflichtung und Hingabe nachzulassen. Würdige das Versprechen, das du deinen Lieben gegeben hast und halte dein Wort vor dir selbst und anderen. Wenn du im Konflikt bist und befürchtest, nicht genug Zeit zu haben, um deinen Verantwortungen nachzukommen, bitte die Engel um ihre Hilfe. Du scheinst dir Sorgen über eine Entscheidung zu machen, mit der du ringst. Diese Karte erinnert dich daran, deinen Träumen, Zielen und Intentionen treu zu bleiben und ihnen zu folgen. Stehe zu deinen Prioritäten und schenke ihnen die tägliche Aufmerksamkeit, die sie verdienen. Vergiss nicht, dass du alleine die Kontrolle über deinen Terminplan hast. Du hast das

Recht, Nein zu sagen zu Forderungen, die dich von deinen Verpflichtungen abhalten. Deine Engel können dir helfen, wenn du dich überwältigt fühlst oder glaubst, zu viele Verpflichtungen eingegangen zu sein. Um die Hilfe des Himmels in dieser Angelegenheit entgegennehmen zu können, übergib die ganze Situation Gott. Sei ehrlich mit dir selbst und deinen Engeln bezüglich deiner Gefühle, einschließlich jeglichen Gefühls von Schuld oder ungewollter Verpflichtung (diese Emotionen können deine Energie absaugen und es dir noch schwerer machen, deinen Verantwortlichkeiten nachzukommen). Du wirst von den himmlischen Mächten, denen deine höchsten Interessen am Herzen liegen, nicht nur geliebt und geehrt, sondern sie sorgen auch für dein Wohlergehen und das deiner Lieben. Deine Schutzengel hüllen dich ein in den Schutz ihrer liebevollen Flügel und helfen dir, dein Leben zu genießen, während du mit Freuden alles erledigst, wozu du dich verpflichtet hast.

Vertrauen – Erzengel Michael

Erzengel Michael ist bei dir und stärkt dein Vertrauen und dein Selbstvertrauen, damit du furchtlos die vor dir liegende Aufgabe angehen (und genießen) kannst. Dieser Erzengel beschützt dich vor Negativität und hilft dir, optimistisch zu bleiben und voller Vertrauen; zudem sorgt er dafür, dass nur Personen mit Integrität in dein Leben kommen. Vertraue auf Gottes Macht, dafür zu sorgen, dass du beschützt bleibst. Während du diese neue Phase in deinem Leben beginnst, ist es ganz natürlich, dich von der Veränderung eingeschüchtert zu fühlen. Vielleicht machst du dir Sorgen, ob du ausreichend vorbereitet bist für das, was vor dir liegt. Doch wisse, dass Gott dir nichts bringt, was über deine Kräfte geht. Außerdem sorgt der Himmel dafür, dass dir machtvolle Gefährten wie Erzengel Michael zur Seite stehen und dir bei allem helfen, was du tust. Erzengel sind wie Aufseher über unsere persönlichen Engel, und der Name „Michael" bedeutet: „Er, der wie Gott ist." Er wird sowohl im Alten wie im Neuen Testament als ein Prinz beschrieben und als Wesen dargestellt, das gegen niedere Energien kämpft, um uns alle zu beschützen. Viele Menschen berichten von wundersamen Rettungen und Schutz als Resultat ihres Hilferufes an ihn. Aus diesem Grund ist er der Schutzheilige für Polizisten, Sicherheitsbeamte und Seeleute. Der heilige Michael wird dir helfen, dich sicher und stark zu fühlen, wenn du ihn um seinen Beistand bittest.

Vision – Schutzengel

Dies ist eine Botschaft, deine eigene Vision zu würdigen. Sie bittet dich, den geistigen Bildern zu vertrauen, die du erhalten hast, da sie die Antworten auf deine Gebete sind. Deine Visionen werden dir und deinen Lieben großen Segen bringen. Aufgrund ihrer liebevollen Natur weißt du, dass sie himmlisch inspiriert sind. Folge nur *solchen* Botschaften, die dich auffordern, im Namen der Liebe Gottes zu handeln. Dein Schutzengel hilft dir, klar die Wahrheit in deiner gegenwärtigen Situation zu sehen, und dazu gehört, dass du die Perspektiven aller Beteiligten in Betracht ziehst. Zunächst halte die Intention aufrecht, das göttliche Licht in allem und jedem leuchten zu sehen, was dazu beiträgt, dass diese Situation ihre optimale Lösung findet. Habe Vertrauen und glaube daran. Als nächstes erlaube dir selbst, die irdische und menschliche Wahrheit dieser Situation klar zu erkennen. Hat irgendjemand oder irgendetwas seine Integrität verloren? Gestehe dir dies gegenüber dir selbst ein und schau dir genau die Perspektiven und Motivationen jedes einzelnen an, der an dieser Situation beteiligt ist. Es kann auch eine Botschaft deiner Engel sein, deine physische Sehfähigkeit untersuchen oder korrigieren zu lassen. Beten kann bei der Heilung deiner Sehkraft helfen und dich zu dem für dich besten Augenarzt führen. Deine Engel umgeben deine physische und geistige Sehkraft mit göttlichem Licht. Schaue durch ihre Augen, und du wirst in deinem Inneren und im Leben immer das Beste sehen.

Weise Entscheidung – Schutzengel

Die von dir in Erwägung gezogene Entscheidung ist weise. Diese Karte ist eine Botschaft deiner Engel, die dich bitten, deiner inneren Weisheit zu vertrauen. Manchmal machst du dir zu große Sorgen ob deiner Entscheidungsfähigkeit, da in der Vergangenheit einige deiner Entscheidungen offensichtlich nicht sehr klug gewesen sind. Doch wenn du ehrlich darüber nachdenkst, hast du fraglos eine Menge daraus gelernt. Das bedeutet, dass du letzten Endes keine falschen Entscheidungen treffen kannst, nicht wahr? In der gegenwärtigen Situation machst du dir Sorgen, ob du wirklich Gottes Willen folgst. Du wirst wissen, dass du auf dem richtigen Weg bist, wenn deine Handlungen von einem Gefühl des inneren Friedens begleitet werden. Wenn es einen Teil von dir gibt, der sich bezüglich dessen, was du tust, nicht gut fühlt, ist das ein Zeichen dafür, dass du dich von der Wahrheit entfernt hast. Auf dem richtigen Weg zu bleiben bedeutet manchmal, die Richtung einzuschlagen, die am schwierigsten zu sein scheint. Deine Engel bitten dich, auf ihre allzeit gegenwärtige Liebe, Unterstützung und Schutz zu vertrauen. Falls du dabei bist, einige wichtige Lebensveränderungen vorzunehmen, werden dir deine kontinuierlichen Gebete helfen, mit der göttlichen Führung in Kontakt zu bleiben. Wie ein Pilot, der sich in ständigem Kontakt mit den Fluglotsen befindet, musst du mit den himmlischen Kräften reden und auf sie hören, während du die nächsten Schritte machst. Vertraue den Botschaften der Moral, der Wahrheit und der Liebe. Sie sind real ... und sie stellen die weisesten Entscheidungen dar, die du treffen kannst.

Wunder – Christus

Jesus ist bei dir und bereitet ein Wunder für dich und die Situation vor, die der Grund für deine Frage ist. Er lenkt Gottes Licht auf dich und deine Lieben und sorgt dafür, dass ihr alle sicher und beschützt seid. Du hast um ein Wunder gebeten, und ein Wunder wird geschehen. Lass jegliche Erwartungen bezüglich der Art und Weise los, wie sich dieses Wunder zeigen wird, da es durch Jesus Christus direkt aus Gottes unendlicher Weisheit in dein Leben kommt. Christus leiht dir seinen alles überstrahlenden Glauben an die Macht des Allmächtigen, um dein Herz mit Vertrauen und Hoffnung zu erfüllen. Er ruft dir in Erinnerung, dass mit Glauben und Vertrauen alles möglich ist und dass du (wie jeder von uns) die Hilfe des Himmels, seine Liebe und Aufmerksamkeit verdienst. Du musst nicht perfekt sein, um Jesus Christus um seine Hilfe zu bitten. Sei offen dafür, Hilfe auf eine wunderbare und geniale Weise zu empfangen. Schließlich hilft dieses Wunder nicht nur dir, sondern inspiriert auch in anderen Menschen Glauben und Vertrauen in die himmlischen Kräfte.

Zeichen von oben – Schutzengel

Der Himmel schickt dir Segnungen und Antworten als Zeichen in der physischen Welt. Diese Zeichen sind Botschaften, die du wiederholt siehst oder hörst. Du wirst aufgefordert, verstärkt auf Zeichen zu achten, da sie Teil der Antwort auf deine Frage sind. Achte auf alles, was du mehr als dreimal siehst oder hörst. Wenn zum Beispiel mehrere Personen dir gegenüber das gleiche Buch, denselben Film oder Kurs erwähnen, dann ist dies ein Zeichen. Achte auch auf ungewöhnliche Erscheinungen, wie beispielsweise engelförmige Wolken oder Gruppen von Schmetterlingen. Achte auf Dinge, die eine spezielle Bedeutung für dich haben, wie das Lieblingslied einer dir nahestehenden Person, das du im Radio hörst oder eine Blume, die du mit einem bestimmten Menschen oder Ereignis assoziierst. Dies sind keine bloßen Zufälle – vielmehr trifft hier das alte Sprichwort zu: „Zufälle sind Augenblicke, in denen Gott anonym bleibt.“ Vertraue auf die Zeichen, die du erhältst, und wisse, dass diese sehr real und bedeutsam für dich sind.

Die Künstler

(mit Bildmaterial-Bestellinformation)

Sie können Drucke von vielen der Illustrationen der vorliegenden Karten bestellen. Die Drucke gibt es in verschiedenen Formaten, ohne die Umrandungen oder die entsprechenden Kartennamen. Um diese Drucke zu kaufen, setzen Sie sich bitte direkt mit den jeweiligen Künstlern in Verbindung. (Weder die Ullstein-Buchverlage noch Angel Therapy Inc. noch Doreen Virtue übernehen Verantwortung für eine Handelsbeziehung, die zwischen Ihnen und den individuellen Künstlern zustande kommt.)

Illustrationen von Audrey L. Arena

Kartennamen: Kind, Gesunde Ernährung, Stress-Management, Liebenswürdigkeit, Triumphierend!

Audreys Illustrationen sind realistische Fantasie-Bilder, inspiriert von Renaissance-Festen, ihrer Familie, ihren Haustieren und der Bibel. Ihr künstlerisches Lieblingsthema sind „Szenen des Friedlichen Königreiches“. Ihre Darstellungen exotischer Szenen, Tiere und Individuen in Kostümierungen in einer Umgebung, von der sie träumen, spiegeln diese Tatsache wider. Audrey liebt es, an Harley-Davidson-Veranstaltungen teilzunehmen, und sie bemalt unter anderem Motorräder, Leinwände, Sammler-Eier und anderes.

Kontaktinformation: www.fantasyartbyaudrey.com

Illustrationen von Tamara Baechtel

Kartennamen: Liebe, Friedvoll (mit Lisa Iris).

Bereits im Alter von 14 Jahren beschäftigte sich Tamara mit Graphic Design und machte Karriere als selbständige Art Directorin in der Welt der Kunst und Werbung. Tamara, heute Besitzerin einer ArtDesign-Firma, hat seit jeher eine Leidenschaft dafür gehabt, rohe Materialien zur Freude ihrer Klienten, Freunde oder Kunstliebhaber in etwas Wunderbares zu verwandeln. Gegenwärtig genießt Tamara es, ihre mehr künstlerische Seite zu erforschen, indem sie malt, dreidimensionale Modelle schafft und verschiedene Themen mittels Airbrushtechnik auf die Leinwand bringt. Sie steht sowohl für Aufgaben im Bereich Werbung und Design als auch für Kunstmalerei zur Verfügung.

Kontaktinformation: E-mail: tamara@artwrkz.net

Illustrationen von Glenda Green

Kartennamen: Segensreiche Fülle, Der Himmel wacht über Dich, Innehalten, Wunder, Zeichen von Oben.

Glenda ist mit Gemälden in wichtigen Sammlungen wie dem Smithsonian Institute, dem Museum of the City of New York und dem Williams College Museum of Art vertreten. Sie gilt seit vielen Jahren als eine der besten realistischen Ölmalerinnen in den USA. Ihr kreativer Stil zeichnet sich durch intuitive Spiritualität, profundes subjektives

Gefühl, auffallende Farben und die exquisite Beherrschung ihres Handwerks aus. Heute sind ihre Originalgemälde in großen Sammlungen überall in den Vereinigten Staaten zuhause. In der Vergangenheit war sie Kunstlehrerin an der Tulane University und der University of Oklahoma. Darüber hinaus ist sie Verfasserin von zwei Bestsellern, *Love Without End – Jesus Speaks* und *The Keys of Jeshua*. In den letzten Jahren hat sie ein Großteil ihrer Zeit öffentlichen Vorträgen gewidmet, bei denen ihre warme, witzige und selbstbewusste Art im Zuhörer eine innere Sicherheit seines eigenen höheren Bewusstseins weckt. *Kontaktinformation:* www.lovewithoutend.com.

Illustrationen von Sue Halstenberg

Kartennamen: Glaube, Verpflichtung, Belohnung.

Sue Halstenberg begann ihre Karriere 1979 als Modeillustratorin. Sie gewann zahlreiche Auszeichnungen für ihre Kunst; unter anderem wurde ihr eine *Signature Membership* der *Pastel Society of America* verliehen, und ihr Pastell „Victoria" schaffte es auf das Cover des Magazins *American Artist*. Nachdem sie im Jahre 1992 mit ihren Engeln Kontakt aufgenommen hatte, begann Sue, heilende Bilder aus der nichtphysischen Welt zu produzieren, die dem Betrachter Teile seines wahren inneren Selbst enthüllen. Diese einzigartige Fähigkeit, die Schönheit der Natur und weibliche Ideale miteinander zu verbinden, kommt durch

Themen zum Ausdruck, zu denen Engel, Feen, Meerjungfrauen und Göttinnen gehören. Sue malt und lehrt in ihrem Studio auf dem Hügel mit inspirierender Aussicht über das herrliche Ojai Valley in Kalifornien. Sie hat einen Bachelor of Art des angesehenen Art Center College of Design in Pasadena.

Kontaktinformation: P.O. Box 356, Ojai, CA 93023, USA; T. 001-805-6462885; www.suehalstenberg.com

Illustrationen von Lisa Iris

Kartennamen: Geh vorwärts, Übung macht den Meister.

Die Bilder von Lisa Iris erfreuen sich weltweiter Beliebtheit. Sie sagt: „Mein Traum ist es, Menschen den Schatz in ihrem eigenen Leben zu zeigen." Sie ist Mitglied von *Transcend: Art and Peace Network* (www.tapnet.info) und arbeitet außerdem mit *The Twilight Brigade* (www.thetwilightbrigade.com) zusammen.

Kontaktinformation: www.lisairis.com (für Illustrationen) oder www.whitewolfgallery.bigstep.com (für Schmuck und Drucke von Lisas Bildern); Digitalkunst: Lisa Iris und Tamara Baechtel.

Illustrationen von Elizabeth Kyle

Kartennamen: Weise Entscheidung.

In Neuseeland geboren, lebt Elizabeth heute im malerischen Currumbin Valley, Gold Coast, Australien. Seit dreiunddreißig Jahren als professionelle Malerin tätig, vereint sie in ihren keltisch inspirierten Darstellungen von der Reise unserer Seele das Beste aus Vergangenheit und Gegenwart. In Neuseeland ist sie außerdem unter ihrem Mädchennamen Elizabeth Grainger für ihre „New Zealand Paintings" (1972-83) bekannt. Elizabeth hat einen internationalen Ruf aufgrund ihrer visionären, surrealistischen Bilder gewonnen, die auf luzide Visionen zurückzuführen sind, inspiriert von ihrer Liebe für Mutter Erde. Ihre Zeichnungen und Gemälde sind wie Parabeln, die sowohl persönliche als auch globale Botschaften enthalten. Ihre Ausstellungen sind in der Regel ausverkauft und sie hat viele nationale Auszeichnungen gewonnen. Ihre Bilder haben sowohl Buch- und Magazincover als auch Grußkarten geschmückt. Originalwerke, Drucke und Grußkarten können von Elizabeth direkt geordert werden.

Kontaktinformation: P.O. Box 609, Currumbin Valley, 4223 Old, Australien.

www.elizabethkyle.com; *E-mail*: ekyle@optusnet.com.au

Illustrationen von Sirlei H. Lerner

Kartenname: Bete.

Sirlei wurde in Novo Hamburgo, Brasilien, geboren. Heute lebt sie in Anápolis, Brasilien, wo sie erst vor kurzem mit dem Malen begonnen hat. Sie sagt: „Ich habe zu ma-

len angefangen, nachdem ich 2002 eine schwere Krankheit überstanden hatte. Simultan mit der Heilung im *Casa d'Inacio de Loyola* in Abadiania, Brasilien erhielt ich das Talent zum Malen." Heute kaufen Kunstliebhaber in der ganzen Welt ihre Bilder.
Kontaktinformation: www.sirleilerner.cjb.net;
E-mail: sirleilerner@brturbo.com.

Illustrationen von Marius Michael-George

Kartenname: Aktivist, Vertrauen, Sprich Deine Wahrheit aus, Ständiger Fortschritt, Du hast es gefunden!, Du hast Führungsverantwortung.

Marius Michael-George ist ein klassisch ausgebildeter Maler und Kunstlehrer, der sich auf religiöse Kunst spezialisiert hat. Seine Bilder sind weltweit lizenziert und als Drucke, Karten, Buchillustrationen und Reproduktionen auf Leinwand erhältlich. In seiner Schule des klassisch-visionären Realismus bietet Marius eine Vielzahl von Kursen und Seminaren an sowie ein Ausbildungsprogramm und Privatstunden für Interessierte, egal ob sie viel oder nur geringe künstlerische Erfahrung haben. Er sagt: „Ich male Engel, weil sie ein wesentlicher Teil meiner eigenen Natur sind, und im Laufe meines täglichen Lebens bin ich immer wieder von Personen umgeben, die in Wahrheit Engel in menschlicher Form sind. Die Süße, Unschuld und Schönheit der Natur der Engel, kombiniert mit ihrer außer-

gewöhnlichen Macht und Majestät, sind eine konstante Inspiration für meine Kunst.“ Alle für dieses Orakelkartendeck verwendeten Erzengel-Darstellungen sind als Drucke, Karten und Reproduktionen auf Leinwand erhältlich. Auch einige der Originalölgemälde werden zum Kauf angeboten. *Kontaktinformation:* P.O. Box 12, Emigrant, MT 59027, USA.
www.MariusFineArt.com; *E-mail:* Marius@ycsi.net

Illustrationen von Cheryl Rose

Kartennamen: Tiere, Gefühle, Vergebung.

Cheryl verbringt die Hälfte ihrer Zeit in ihrem Studio im mythischen Irland, die andere Hälfte in ihrem Haus in der Nähe des mystischen Mount Shasta in Nordkalifornien. Ihre Maltechnik wird als „Kunst durch die Augen der Seele“ bezeichnet. In Zusammenarbeit mit vielen Autoren und Experten in diesem Bereich reist sie häufig zu heiligen Stätten, um altes Wissen zu entdecken und zu erforschen. Mit Hilfe des so gewonnenen Wissens, kombiniert mit historischen Daten und ihren außersinnlich gewonnenen Eindrücken, kreiert Cheryl eindrucksvolle Kunstwerke. Cheryl hat vierzehn Jahre damit verbracht, eine persönliche Geschichte über die Templer-Mysterien zu dokumentieren und Maria Magdalenas Rolle als Repräsentantin des Göttlich-Weiblichen erneut zu etablieren. Ihre Bilder darüber können im Besuchscenter des Rosslyn Chapel

Museums und auf Video betrachtet werden. Ihre Arbeiten sind im Fernsehen auf diversen Travel- und Wisdom-Channels gezeigt worden, und ihre Bilder waren Teil einer Ausstellung der Nelson Rockefeller-Sammlung im Rosicrucian Egyptian Museum in New York.
Kontaktinformation: c/o Danielle Signor, P.O. Box 919, Mt. Shasta, CA 96067, USA; www.cherylrose.com oder www.joytravelonline.com; T. 001-530-9266738.

Illustrationen von Garry Russell-Smith und Baladéva McLay

Kartenname: Höhere Bildung.

Garry Russell-Smith erhielt die Vision der Engeldarstellung in diesem Bild während einer Meditation an einem heißen Nachmittag im sommerlichen Australien, woraufhin er sofort eine Skizze anfertigte. Einige Tage später zeigte er diese Skizze seinem Freund Baladéva McLay, und gemeinsam begannen sie mit der Arbeit an dem Bild. Garry wuchs als Einzelkind bei seiner Mutter auf. Bevor er zu malen begann, arbeitete er als Koch in einem Restaurant und als Lehrer für Karate und Tai Chi Chuan. Er studierte alternative therapeutische Behandlungsformen und erhielt verschiedene Diplome im Bereich des Zen Shiatus, chinesischer Massage, Beratung und Kommunikation, Verhaltenstherapie, medizinischer Astrologie, Irisdiagnose und anderer Systeme der Augenanalyse, Metaphysik der Heilung, esoterischem Heilen, psychospirituellem Tarot und Wicca. Heute ist er als psychospiritueller westlicher Astrologe, Reiki- und Aura-Soma-Meister, Autor und Dichter, Angel-Intuitiv-Heiler und Symbol-Experte tätig. Nach zehn Jahren als alleinerziehender Vater von vier Kindern hat er 2004 wieder geheiratet. Auch Baladéva McLay wuchs bei seiner alleinerziehenden Mutter auf. 2003 machte er seinen Abschluss in einer Schule für graphische Kunst und Design. Er studierte Martial-Arts und östliche Philosophie. Sein Interesse an alternativen Behandlungsmethoden führte zu einem Diplom in Zen Shiatsu, fortgeschrittenem Reiki und Aura-Soma. Heute ist Baladéva als Maler, Kunstlehrer und Angel-Intuitiv-Heiler tätig.

Kontaktinformation: P.O. Box 2392, Burleigh DC, 4220 Qld., Australien. *E-mail:* goldenbis@ion.com.au oder phoenixkreations@hotmail.com

Illustrationen von Edward Tadiello

Kartennamen: Lernerfahrung, Blick tiefer, Optimismus, Schlaf.

Als professioneller Maler und Illustrator mit vielen Jahren Erfahrung hat Edward an New Yorks berühmter *Pan-American School of Art, School of Visionary Art* und in der *Society of Illustrators* studiert. Der Künstler begann seine Karriere als Designer. In dieser Zeit entwarf er Illustrationen für viele hoch angesehene Klienten einschließlich mehr als 300 Buchumschlägen für große Verlagshäuser. Edward eröffnete sein erstes Atelier der feinen Künste im Jahre 1988 und spezialisierte sich auf Portrait-, Figur- und Landschaftsmalerei. Inspiriert von den präraphaelitischen und flämischen Malern sowie den Malern der Renaissance und der viktorianischen Epoche ist Edward heute für die profunde Tiefe und Gefühle bekannt, die seine Kunstwerke beim Betrachter hervorrufen.

Kontaktinformation: www.porterfieldsfineart.com;
E-mail: info@porterfieldsfineart.com

Illustrationen von Baron von Lind

Kartenname: Keine Kompromisse.

Baron von Lind wurde als vierter Sohn von Alma und Hjalmar von Lind in Duluth, Minnesota, USA, geboren. Sein Vater war der Sohn des Baron Johann von Lind aus einer kleinen Stadt in der Nähe von Stockholm, Schweden. Nach mehreren Jahren im Militärdienst entschied Baron von Lind sich für eine Karriere im Bereich der Kunst. Diese Karriere umspannte diverse Facetten des kommerziellen Kunstbereiches, einschließlich Werbung, redaktionelle Kunst, Kalendermalerei und Porträts. Im Laufe der Zeit arbeitete sich Baron in verschiedenen Studios in der Gegend von Minneapolis/St. Paul hinauf und wurde zu einem in ganz Amerika bekannten Maler, spezialisiert auf

Wildlifeszenen, südwestliche Themen, redaktionelle Kunst, Kalender und Portraits. Heute lebt und malt er in Oceanside, Kalifornien, wo er sich des weltweit neu erwachten Interesses an seiner Kunst erfreut.
Kontaktinformation: www.baronvonlind.com;
E-mail: bvl@baronvonlind.com

Illustrationen von Corey Wolfe

Kartennamen: Sei mutig, Glauben, Großzügigkeit, Vision.

Corey hat seit 1979 kontinuierlich als Illustrator gearbeitet und viele Auszeichnungen erhalten, vor allem in der Video-/Filmindustrie und im ScienceFiction und Fantasy-Bereich. Corey malt sowohl klassisch in Öl als auch digital. Er hat mehr als 700 Projekte für Disney gezeichnet, einschließlich der Filme *Fantasia, 101 Dalmatians, Sleeping Beauty, Aladdin* und *The Lion King.* Er lebt mit Frau und Tochter in Washington State, wo er in seinem Traumstudio arbeitet, das sich auf 4 Hektar Land befindet und von wo aus er einen wunderbaren Blick über Portland und Vancouver hat. Er sagt: „Ich kann nicht klagen, doch wie bei jedem Künstler ist es mein Traum, im Bereich der schönen Künste tätig zu sein. Wenn ich ein wenig Zeit zur Verfügung habe, male ich Frauen in klassischen Posen. Außerdem liebe ich es, Engel und Feen zu malen."

Photodrucke dieser und anderer Bilder sind auf Wunsch für den Preis von 33 US $ (plus Versandkosten) erhältlich. *Kontaktinformation:* 12014 N.E. 192nd Avenue, Brush Prairie, WA 98606, USA; www.coreywolfe.com

Über die Autorin

Doreen Virtue hat drei Universitätsabschlüsse im Bereich „Beratende Psychologie" und ist eine spirituelle Heilerin der vierten Generation. Sie hat über ihre Arbeit mit Heiligen in zahlreichen Büchern berichtet. Darüber hinaus ist sie Autorin von Büchern und Hörbüchern über Engel, über die Entwicklung außersinnlicher Fähigkeiten sowie über Themen, die mit der Entwicklung von Körper, Geist und Seele zu tun haben. Doreen tritt häufig in TV- und Radiosendungen auf, wo sie dem Publikum als „The Angel Lady" bekannt ist.

Für weitere Informationen über Doreens Seminare, Bücher, Audiokassetten und Karten schauen Sie bitte ihre Website an: www.AngelTherapy.com.